广东惠清高速公路质量管理创新与实践

广东惠清高速公路有限公司　编著

人民交通出版社股份有限公司
北　京

内 容 提 要

本书在总结广东惠清高速公路项目质量管理实践经验的基础上,梳理了质量、质量管理及工程质量管理概况,以及质量强国、交通强国和平安百年品质工程建设要求,分析了高速公路质量管理现状、惠清高速公路项目概况及特点,提出了惠清高速公路项目质量管理总体策划,介绍了惠清高速公路项目推行质量管理过程中的创新方法、具体举措和主要成果。

本书可供高速公路质量管理人员、建设管理人员、施工技术人员工作参考,也可供高等院校相关专业师生教学参考。

图书在版编目(CIP)数据

广东惠清高速公路质量管理创新与实践 / 广东惠清高速公路有限公司编著. — 北京：人民交通出版社股份有限公司, 2023.12
 ISBN 978-7-114-18935-7

Ⅰ.①广… Ⅱ.①广… Ⅲ.①高速公路—道路工程—工程质量—质量管理—研究—广东 Ⅳ.①U412.36

中国国家版本馆 CIP 数据核字(2023)第 158753 号

书　　名：	广东惠清高速公路质量管理创新与实践
著 作 者：	广东惠清高速公路有限公司
责任编辑：	刘永超　　侯蓓蓓
责任校对：	赵媛媛
责任印制：	刘高彤
出版发行：	人民交通出版社股份有限公司
地　　址：	(100011)北京市朝阳区安定门外外馆斜街3号
网　　址：	http://www.ccpcl.com.cn
销售电话：	(010)59757973
总 经 销：	人民交通出版社股份有限公司发行部
经　　销：	各地新华书店
印　　刷：	北京市密东印刷有限公司
开　　本：	787×1092　1/16
印　　张：	8.25
字　　数：	131千
版　　次：	2023年12月　第1版
印　　次：	2023年12月　第1次印刷
书　　号：	ISBN 978-7-114-18935-7
定　　价：	55.00元

(有印刷、装订质量问题的图书,由本公司负责调换)

《广东惠清高速公路质量管理创新与实践》审定委员会

主 任 委 员：王春生

副主任委员：陈新华　吕大伟

委　　　员：黄　觉　钟　敏　李　勇　梁辉如　王玉文

编写委员会

主　　　编：吕明敏　吕大伟

副 主 编：赵　明　王玉文

编　　　委：古伟展　李仕玲　尹仕健　王振龙　危春根
　　　　　　何湘峰　刘韶新　张永明　黄飞新　万友元
　　　　　　华开成　李品营　张昆阳　李忠建　于　伟
　　　　　　李　涌　刘佳宝　严阿贝　张东河　胡秀军
　　　　　　黄锐斌　陈争春　张树国　赵　宁　谢兼量
　　　　　　赖俊辉　周长营　李在靖　杨洪焦　郑云青
　　　　　　杨力峰　薄继民

FOREWORD 序言

建设交通强国是以习近平同志为核心的党中央立足国情、着眼全局、面向未来作出的重大战略决策,是建设现代化经济体系的先行领域,是全面建成社会主义现代化国家的重要支撑,是新时代做好交通工作的总抓手。党中央、国务院先后印发的《交通强国建设纲要》和《国家综合立体交通网规划纲要》,擘画了打造一流设施、一流技术、一流管理、一流服务,建成人民满意、保障有力、世界前列的交通强国的宏伟蓝图,为我国交通运输发展指明了前进方向。

汕湛高速公路惠州至清远段(简称"惠清项目")起于广东省惠州市龙门县龙华镇横槎村,止于清远市清新区太和镇井塘村,整体位于南岭山系东端,具有地形地貌复杂、极端气候频发、生态环境脆弱等鲜明特点,是广东省"十三五"规划的重点建设项目,其建设对于完善粤港澳大湾区路网结构,支撑广东省"一核一带一区"区域发展格局,实现"四个走在全国前列"、当好"两个重要窗口"目标具有重大意义。

有鉴于此,该项目被交通运输部列为科技示范工程、绿色公路典型示范工程,牵头承担了交通运输部品质工程攻关行动试点任务。项目业主广东惠清高速公路有限责任公司,咨询单位北京新桥技术发展有限公司在质量强国、交通强国等相关要求引导下,坚持以提升质量为核心,以精细化管理为手段,以安全生产为关键,以生态环保为重点,以科技创新为动力,科学系统谋划，创新质量管理，打造了一条优质耐久、安全舒适、自然和谐的高品质之路。

本书运用现代工程质量管理理论，立足质量强国和打造品质工程的建设要求，从项目建设总体策划、质量管理方法创新、各阶段质量管理、质量管理后评价及成果等方面，对惠清项目质量管理工作进行了系统总结，形成了一套可复制、可推广的"惠清经验"，具有一定的先进性、专业性、实用性，可读性也较好，对高速公路质量管理工作具有典型示范作用，对其他高速公路建设项目的质量管理也有较高参考和借鉴价值。

在新的历史时期，我们已经迈上了全面建设社会主义现代化国家的新征程，持续"打造平安百年品质工程"，加快实现交通建设的高质量发展，需要我们坚持创新驱动，增强发展动能；坚持生态优先，实现绿色低碳；坚持学习互鉴，促进共同提高。我们期待着广大交通工程建设从业者继往开来，广泛交流，不断开拓创新，积极探索实践，不断提升技术、管理和服务，让创新与实践在公路建设领域蔚然成风、持续焕发出勃勃生机，为加快建设交通强国、努力当好中国现代化的开路先锋作出积极贡献。

他山之石，可以攻玉，开卷有益，希望大家不要错过。

2023 年 1 月 4 日

CONTENTS 目录

第1章 质量、质量管理及工程质量管理概况　1

1.1 质量概念及质量管理的起源……………………………… 1
1.2 质量管理的发展与变迁…………………………………… 3
1.3 现代质量及质量管理的最新成果、发展趋势…………… 6
1.4 工程质量管理……………………………………………… 10

第2章 质量强国、交通强国和平安百年品质工程建设要求　14

2.1 交通强国建设相关要求…………………………………… 14
2.2 交通运输部关于平安百年品质工程建设工作部署……… 15

第3章 高速公路质量管理现状　17

3.1 高速公路工程质量管理…………………………………… 17
3.2 高速公路工程质量管理现状及存在的问题……………… 18

第 4 章　惠清项目概况及特点　　23

4.1　项目概况　　23
4.2　项目特点　　24

第 5 章　惠清项目质量管理总体策划　　27

5.1　质量管理策划目的　　27
5.2　质量管理策划内容　　28
5.3　质量管理目标体系、理念体系　　29
5.4　惠清项目全寿命品质工程阶段划分、各阶段质量管理重点　　31
5.5　规划、设计质量　　31
5.6　招标阶段工作质量　　32
5.7　施工阶段质量管理创新　　33

第 6 章　惠清项目质量管理方法创新　　66

6.1　惠清项目创新性引入"四全"TQM 质量管理体系　　66
6.2　四新技术（微创新）促进品质管理落地见效　　68
6.3　两区三场、作业现场创新性导入 6S 管理体系　　69
6.4　管理创新，建立"四统一"标准　　70
6.5　创新管理方法，实行"四法"工作法　　71
6.6　建立四项预审预控制度　　72
6.7　强化事前控制，建立四项首件制度　　74
6.8　主材质量管理创新　　75
6.9　砂石料、辅助材料质量管理　　79
6.10　隐蔽工程质量管理办法　　80
6.11　创新过程时序要点管理法　　81

6.12 信息技术赋能质量管理 …………………………………………… 81
6.13 前置性质量通病预防管理 ………………………………………… 83
6.14 全断面质量检测评价及 PDCA 质量管理循环应用 …………… 83
6.15 建立劳动竞赛正向反向激励办法 ………………………………… 83
6.16 生产一线班组激励办法 …………………………………………… 85
6.17 发扬践行工匠精神 ………………………………………………… 85
6.18 质量交底 …………………………………………………………… 86
6.19 质量培训 …………………………………………………………… 87
6.20 试验检测标准化 …………………………………………………… 90
6.21 路面品质工程质量管理 …………………………………………… 91
6.22 交通安全设施品质工程质量管理 ………………………………… 94
6.23 机电品质工程质量管理 …………………………………………… 101

第7章 惠清项目交工阶段、缺陷责任期、竣工阶段质量管理 · 108

7.1 交验工作目标 ……………………………………………………… 108
7.2 交验工作总体思路 ………………………………………………… 108
7.3 具体措施 …………………………………………………………… 108
7.4 缺陷责任期暨竣工验收阶段质量管理 …………………………… 111

第8章 惠清项目质量管理后评价及成果 · 113

8.1 取得的总体成果 …………………………………………………… 113
8.2 工程质量成果 ……………………………………………………… 114
8.3 结语 ………………………………………………………………… 118

参考文献 · 119

第 1 章
质量、质量管理及工程质量管理概况

1.1 质量概念及质量管理的起源

质量的概念及质量管理的思想发端于商品交换时代之初。伴随着商品生产和交换,质量管理方法也随之形成,贯穿于世界历史长河之中,在古代劳动人民的生产实践中不断演进完善。

我国古代质量的概念诞生与商品或产品密切相关,并随着生产和管理需要,相应演变产生了与之配套的质量标准、质量检验工具和质量管理方法。

质量标准多依赖生产者或管理者的感官测验,简单地区分为"优劣"或"上中下"。《礼记》中记载了周朝对食品质量的规定:"五谷不时、果实未熟、不粥于市";沈括在《梦溪笔谈》中记载了弓的六条质量标准并划分了"上、中、下"三个质量等级。

质量检验工具也是在商品或产品的生产和交换过程中相应产生的,如现代人耳熟能详的规、矩、准、绳等。《考工记》记载了"是故规之以眡其圜也",即用圆规测量车轮质量的检验方法。

质量管理在我国源远流长,并产生了丰富的质量管理成果。《吕氏春秋》首先提出"物勒工名"的实名制(图1-1、图1-2),还将各郡(省)县制造工业产品用的衡器、容器等,由"大工尹"统一进行年审,建立了"相邦""工师""丞""匠"四级质量保证体系。此后,根据《唐律疏议》的记载,唐朝沿袭了这一做法。

图1-1 "物勒工名"-秦长城砖

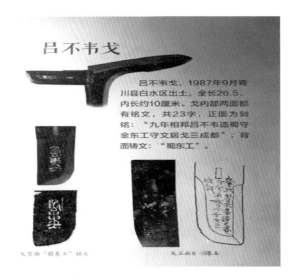

图1-2 "物勒工名"-"吕不韦戈"

工程质量管理有据可查的实物证据也可追溯至秦朝。秦朝在修筑长城时采用了实名制+事后检验的工程质量管理方法,部分长城历经千年沧海桑田而屹立不倒。

我国古代和近代的质量管理和工程质量管理在相当长的一段时间都处于世界领先水平。但由于近现代我国受到封建制度的桎梏和生产力发展的滞后(手工业),并未建立起与工业化生产相适应的质量检验体系。

1.2 质量管理的发展与变迁

1.2.1 工匠自我质量管理阶段(约1850年前)

1850年前,除了美、英两个国家,世界大多数地方仍然停留在小作坊式的生产力水平,质量概念随不同工匠的经验和认知而变化,相应的质量管理停留在工匠、商人凭借个人经验自我质量管理的阶段。

1.2.2 质量检验阶段(约1851—1929年)

1850年前后,英国和美国已基本完成了第一次工业革命,大机器生产替代了传统的工坊、手工业,生产力得到了极大发展,美英开始在世界范围内销售商品并获取原材料,自由贸易、自由竞争、大规模商品交易的时代变革促使质量概念及质量管理发生转变,质量标准及其检验成为商品交易的前提。

这一时期对质量概念的理解通常是指产品、工程质量。

质量管理的主要内涵是"质量检验"。从观念上看,将质量管理理解为对产品质量的事后检验;从方法上看,对已经生产的产品进行全数检验,剔除不合格品来保证质量;从质量管理组织机构看,以质检职能部门或专职质检人员岗位设置为基本特征。

这一阶段的质量管理存在两个主要问题:一是事后检验无法在生产过程中就对质量进行预防和控制,当不合格产品大量出现时已无法挽回;二是全数检验成本太高,当需要对产品进行破坏性检测时难以实施。由于这两项主要问题,使得质量检验受到局限,无法得到广泛应用。

1.2.3 统计质量控制(SQC)阶段(1930—1960年)

统计质量控制方法首先由休哈特于1925年提出,后于1930年由道奇和罗明完善并提出了统计抽样检验方法,标志着质量管理进入新的阶段。这一时期对质量概念的理解通常是指产品、工程或服务质量。

统计质量控制有3个特点:一是运用了数理统计方法;二是侧重于过程质量控制;三是广泛运用各种质量数据图。该方法可以使设计、制造和检验人员在质量管理中得到协调和配合,使质量管理从单纯的事后检验发展成为过程质量控制;根据统计数据及时分析过程中的质量问题并迅速采取措施,消除造成质量问题的隐患。

这一阶段的质量管理存在的不足是:把质量的控制和管理局限在制造和检验部门,将质量管理等同于统计分析,并未将影响质量的各个要素全部纳入统计和质量管理范围。

1.2.4　全面质量管理(TQM)(1961—1986年)

1961年,美国通用电气公司的费根堡姆提出了全面质量管理(Total Quality Management,简称TQM)的概念,其定义为:一个组织以质量为中心、以全员参与为基础的一种管理途径,目的是通过顾客满意和本组织所有成员及社会受益而达到长期成功。这一定义阐明了全面质量管理体系的几个特点:

1) 质量中心战略

以质量为中心,将质量上升到企业战略高度。

2) 全员参与、全组织动员

将质量概念由狭义的产品、工程质量或者服务质量扩展至广义的工作质量,将质量管理由质检部门的职责上升到全体组织的职责。

3) 突出人的因素

将人的因素视为全面质量管理的关键因素,强调发挥员工的积极主动性。

4) 突出管理属性

全面质量管理体系的管理途径是:通过全体员工各个环节工作质量的管控和绩效考核,实现全员、全过程、全覆盖的全面质量管理,并最终实现企业质量目标和质量战略。其管理核心的基础是落实对员工工作质量的管理。

质量管理专家朱兰提出全面质量管理有三个环节:质量策划、质量控制、质量改进,形成了 PDCA[Plan(计划)、Do(执行)、Check(检查)、Act(处理)]质量循环的雏形,并在美国得到了广泛应用和实践,被诸多顶级咨询公司消化吸收,进而衍生了六西格玛等企业质量管理工具。

日本在实践全面质量管理体系"全员参与"原则的过程中进行了创新,演变为质量管理小组(QC)活动,大规模开展并取得了丰硕的成果,涌现出一批现象级的以质量管理著称的大型企业。

1.2.5　ISO9000 系列标准及其质量管理体系(1987 年至今)

成立于 1947 年的国际标准化组织(ISO),其宗旨是加强国际标准合作,消除国际贸易技术壁垒。ISO9000 系列标准由该组织于 1987 年发布。

1)ISO9000 系列标准

ISO 发布的 ISO9000 系列标准围绕国际贸易技术领域,侧重如下两个核心目标:

(1)建立产品、工程或服务的国际通用的技术标准,使得符合标准的产品在各国间自由贸易;

(2)建立国际通用的质量管理体系,作为各组织参与国际贸易的基础条件和质量管理水平的基本保证。

作为 ISO 30 年来的成果,ISO9000 系列标准已先后经历了五次版本迭代更新,最新版于 2015 年发布。成果最主要的部分是数以万计的国际技术标准和 ISO9000 质量管理体系。

2)ISO9000 质量管理体系

ISO9000 质量管理体系是 ISO9000 系列标准之一,是其重要组成部分。

这一体系是基于全面质量管理体系发展而来,是在国际贸易、全球化分工背景下,对全面质量管理体系进行国际化、通用化改造发展的产物,具有与全面质量管理体系不同的侧重点和不同的适用范围。

1.3 现代质量及质量管理的最新成果、发展趋势

ISO9000质量管理体系、全面质量管理(TQM)、零缺陷管理、六西格玛、精益生产(Lean Production)等均是现代质量管理体系发展的最新成果,但侧重点、适用范围各有所不同。

1.3.1 ISO9000质量管理体系与全面质量管理(TQM)体系

ISO9000质量管理体系自全面质量管理(TQM)体系发展而来,并经过标准化的创新和改造而成。但两套体系在诸多方面存在差异:

1)目标不同

ISO9000质量管理体系的质量管理目标为预防不合格产品。而全面质量管理(TQM)体系将质量管理上升到企业可持续发展的战略支撑高度。

2)指导思想不同

全面质量管理体系的管理途径是:通过对全体员工各个环节的工作质量的管控和绩效考核,实现全员、全过程、全覆盖的全面质量管理,并最终实现企业质量目标和质量战略。其管理思想的核心是落实对员工工作质量的管理。

ISO9000质量管理体系注重质量管理的系统化、文件化、标准化、规范化,为不同国家和地区、不同水平、不同质量文化的组织间建立一种通用、普遍适用的质量管理体系。

3)侧重点不同

全面质量管理体系侧重人的因素,把人的因素放在首要位置,强调通过管理实现全员参与、全过程、全方位和全覆盖管理,最大限度发挥人在质量控制中的决定性作用。

ISO9000质量管理体系侧重完善组织、落实职责、确定程序、编写文件等技术问题。2000年之后的版本引入了"过程控制",并将流程、过程视为整个体系运行的基础。对于人的因素,ISO9000质量管理体系把人仅仅视为人力资源,强调上岗培训和激励人员。

4)适用范围不同

全面质量管理体系适合以质量为中心,将质量管理上升为企业战略的组织,广泛用于工程、产品制造、服务行业,能够兼顾世界各地不同的文化背景、管理模式和员工素质,也适用于跨国公司或中小型企业。

ISO9000质量管理体系侧重于国际贸易背景下,为各类组织提供合格产品或服务的基本保证,其质量管理目标是"合格",低于全面质量管理体系。

ISO9000质量管理体系作为国际通用质量体系,其具有通用性、普适性编制原则,系统化、文件化、标准化、规范化的特点,但该体系并不能兼顾世界各地不同技术层次、员工素质、质量文化和组织规模的巨大差异。如中小型企业往往因为短期利益、经验式的因人而异的管理,对ISO9000质量管理体系仅仅停留在"认证"的层次,或者短时运行后又恢复到原来的质量管理体系。这种现象一方面说明该类型的组织并不能很好地理解和贯彻执行ISO9000质量管理体系,另一方面也说明ISO9000质量管理体系在面对不同条件的组织时,其灵活性、适应性不能满足部分组织的需求。中小型生产制造企业小批量、个性化定制的生产经营模式和差异化的经营策略,与ISO9000质量管理体系略显僵化的"标准""流程"要求难以互相匹配。而不同工程的巨大差异产生的质量管理的重点、要点和难点的不同,使得建设项目更加难以适用ISO9000这一全球"通用"的质量管理体系。

相对于ISO9000质量管理体系,全面质量管理体系(TQM)具有更高的质量标准、更丰富的内涵、更为广泛的适用性和灵活性。

1.3.2　其他质量管理体系

1)零缺陷管理

零缺陷管理始于1962年美国的一家小型材料公司,1963年由通用公司借鉴并引入。1964年美国国防部要求军工系统全面采用,后迅速传播到日本电器行业诸多巨头、丰田公司等。

零缺陷管理要求全体工作人员"从开始就正确地进行工作",以完全消除工作缺点为质量管理目标,要每个人都要在自己工作职责范围内努力做到无缺点。

零缺陷特别强调预防系统控制和过程控制,要求第一次就把事情做正确,使产品符合对顾客的承诺要求。开展零缺陷管理可以提高全员对产品质量和业务质量的责任感,从而保证产品质量和工作质量。零缺陷管理不同于其他体系的最显著的特点是:

(1)每一个员工都是主角的观念。零缺陷管理认为只有全体员工都掌握了零缺陷的思想,人人想方设法消除工作缺点,才会有真正的零缺陷运动,管理者则是帮助并赋予他们正确的工作动机。

(2)强调心理建设的观念。零缺陷管理侧重员工心理建设,赋予员工以零缺陷进行工作的意愿和动力,力求工作完美无缺。

2)精益生产

精益生产由丰田公司在此前采用的TQM、零缺陷管理的基础上融合发展首创提出,后经麻省理工学院总结提升,被世界诸多企业参考借鉴。该体系将质量控制的重点由过程控制和流程控制扩展到对库存、计划、成本、供应链、设备和人力资源、销售等诸多层面。该体系充分适应了当前市场需求多元化对应的"小批量""多品种""零缺陷""零库存"生产模式,大获成功,丰田章男因此被誉为"经营之神"。

该体系是企业经营管理的体系,其在质量管理方面借鉴了零缺陷管理的内容,已非常规意义的质量管理体系。

3)六西格玛管理体系

六西格玛管理体系是在零缺陷管理的基础上发展的,其最早由美国摩托罗拉公司于20世纪80年代创造提出。此后柯达公司于1992年迅速跟进,通用电气公司、三星集团、ABB集团、霍尼韦尔公司等企业也相继在内部推行。中国质量协会自2000年左右开始在国内推广六西格玛管理体系。国内部分大型企业开始了对六西格玛管理体系的摸索和尝试。

六西格玛管理体系是一种集统计技术、质量改进方法和组织管理于一体的质量体系。该体系着重解决的是"管理与技术的发展"中的技术问题,主要通过两个路径解决企业发展中的问题:一是培养一批具备先进思维方式的骨干人员;二是通过骨干人员的优化,能够实施突破性的流程优化,进而获得显著的回报。

由于该体系要求较高的员工素质和领导层的大力支持两项条件,在我国实际应用过程中未取得显著成效。

其他质量管理体系没有对质量管理的方法和理论带来根本性的变化,只是对质量管理体系的某一个方面进行了改进和完善,可作为全面质量管理体系的补充或工具。

1.3.3 现代质量管理的发展趋势

当前,随着科学技术的快速发展,以及物联网、数字化技术和智能化技术的快速推进,产品质量及其管理也面临很多新的挑战。

1) 技术

产品的生产技术变得更为复杂,产品的生命周期也越来越短,同类产品更加多样化和更具竞争性,政府对产品的安全和环保要求比以往更为严格(覆盖产品全生命周期)。

2) 使用

对生态系统的依赖越来越强;从顾客方面看,顾客变得更加个性化和多元化,顾客对产品的使用体验和感知越来越基于比较。

3) 研发和生产

产品开发周期大大缩短,而多品种小批量生产已经是常态;生产分工已由本地生产体制转向国内、国际分工协作。

4) 科技进步

进入新时代,5G 通信技术、3D 打印技术、人工智能及机器人技术、量子技术、超级计算机技术、远程控制技术等方面的突破,给质量管理带来了新的挑战,需要我们重新思考质量管理的着眼点和方向。回顾质量管理体系发展的历史脉络,必须坚持与时俱进,用动态发展的眼光看待质量管理体系,质量管理体系必须紧贴时代的脉搏,紧跟中国高质量发展战略,才能真正发挥其应有的作用。

1.4 工程质量管理

工程质量管理的定义是:为保证和提高工程质量,运用一整套质量管理体系、手段和方法所进行的系统管理活动。

1.4.1 工程质量管理目标

工程项目建设投资大,建成及使用时间长,只有合乎质量标准,才能投入生产和交付使用,发挥投资效益。

国家和行业正在打造平安百年品质工程,对工程质量提出了更高的要求。

这两方面都要求工程质量目标是工程建设项目管理组织必须实现的战略目标,是管理的核心。

另外,工程建设项目设计质量是影响整个项目成败的关键。工程质量管理不仅仅是对工程实体质量的管理,更重要的是对勘察设计等工作质量的管理。项目前期各类专项评估、勘察设计等工作质量也是质量管理的重要内容。

1.4.2 工程质量管理特点

1)唯一性

对于工程建设项目,从影响工程建设的客观要素来看,其政策法规行业规范等规定、地质条件、环境条件、设计方案及施工的内容、施工难度和施工工艺、可用的建筑材料、参与施工的人员等质量要素均具有唯一性;从影响工程建设的主观要素来看,参与建设的单位、管理人员和生产人员的经验与水平均具有唯一性。这些主客观因素不同程度地对工程建设项目质量管理产生影响,且不同建设项目间质量管理的主要影响因素受项目唯一性的影响,不尽相同。

2) 复杂性

与常规质量管理对比,工程建设项目质量管理的复杂性主要体现在以下方面:

(1) 原材料

工程建设项目所用原材料因建设内容和地质条件不同而千差万别。如,土的工程分类依据土的颗粒组成特征、土的塑性指标、土中有机质含量可分为若干类,其中特殊土又可细分为膨胀土、红黏土、盐渍土、冻土、软土、黄土等;每一类别土的质量控制要点、配套的施工工艺及机械设备不尽相同。隧道工程需大量使用的喷射混凝土在桥梁、路基工程中很少使用。不同标号的水泥,不同牌号的钢材、钢筋,不同来源的砂、碎石在各个工程建设项目中的应用均不尽相同。

(2) 工艺设备

不同工程建设项目具有不同的工期目标,对工艺、设备配备数量和型号的要求不同。不同地质条件和施工条件决定不同的工艺设备选择,如桩基成孔施工应根据场地和地质条件选择冲击钻、旋挖钻或回旋钻等。不同的质量标准也会导致工艺设备选择的不同,如钢筋加工精度要求较高时,应选择数控钢筋弯箍、弯曲机代替传统人工现场加工钢筋。

(3) 工程建设内容

不同建设项目具有不同的建设内容,如路基、路面、桥梁、隧道、服务设施等,其中桥梁又可细分为悬索桥、斜拉桥、连续刚构桥、连续梁桥、拱桥等。从专业技术角度划分可分为土建、房建、路面、交通安全设施、机电、绿化等专业。各个专业质量管理的重点、难点又不尽相同。如绿化工程,在我国南方和北方地区对绿化树种的选择也有很大差异。

(4) 环境

不同建设项目其环境差异巨大,从我国北方的冰天雪地到南方的湿润多雨,从西北的戈壁荒漠到东南沿海深厚软土,从青藏高原到横断山脉,工程建设项目存在许多没有确切答案的技术和质量方面的问题有待解决。

1.4.3 工程质量管理体系比选

1) 质量概念对比

(1) 国标及 ISO9000 标准对质量的定义

根据国家标准(等同引用了 ISO9000 标准)《质量管理体系 基础和术语》(GB/T 19000—2016),质量的定义是:客体的一组固有特性满足要求的程度。国标采用了狭义的质量定义。

(2) 全面质量管理对质量的定义

全面质量管理体系将质量概念由狭义的产品、工程质量或者服务质量扩展至广义的工作质量,将质量管理职责由质检部门的职责上升到全体组织。

(3) 工程质量的定义

狭义的工程质量,指的是工程实体质量。广义的工程质量除了工程实体质量,还包括了前期核准、勘察设计、招投标等工作质量。

从质量概念角度,狭义的工程质量的定义与 ISO9000 标准质量体系定义较为接近。广义的工程质量与全面质量管理体系较为契合,不仅仅是工程质量,还包括了工作质量。

根据党中央、国务院"质量强国",交通运输部"平安百年品质工程"的政策导向来看,对工程质量的要求已从传统的"内实外美"狭义质量标准提升为追求品位和质量有机统一的"平安百年品质工程"要求。这一要求与广义的工程质量定义更为契合。

2) 质量管理对比

ISO9000 质量管理体系、全面质量管理(TQM)、六西格玛、精益生产(Lean Production)等均是现代质量管理体系发展的最新成果,但侧重点和适用范围有所不同。

(1) ISO9000 质量管理体系中的质量管理

该体系具有以下特点:

①注重质量管理的系统化、文件化、标准化、规范化。

②其基本管理思想是基于"所有工作都是通过过程来完成的"这样一种认识基础。

③以"预防不合格品"为质量目标。

（2）全面质量管理体系中的质量管理

全面质量管理体系将质量概念由狭义的产品、工程质量或者服务质量扩展至广义的工作质量，将质量管理职责由质检部门的职责上升到全体组织。

（3）工程质量管理

当前的工程质量管理一般是指广义的工程质量管理，泛指工程建设项目全过程的质量管理。其管理的范围贯穿工程建设项目的决策、勘察、设计、施工全过程。

（4）工程质量管理与常规质量管理的异同

工程质量管理与常规质量管理的相同点是：工程质量管理属于质量管理的一个分支，其管理思想、管理方法均源于质量管理。但工程质量管理又显著不同于常规的质量管理。不同工程建设项目具有的特点不同，使得不同工程建设项目间质量管理的内容、重点、难点均有不同。这也是工程质量管理难度比一般制造业质量管理的难度更大的原因之一。

3）质量目标对比

ISO9000质量管理体系质量目标为"合格"，其质量管理原则为"预防不合格"。

工程质量管理目标为"创建平安百年品质工程"，基于"合格"质量标准的管理体系与工程建设项目质量管理目标不相匹配。

4）小结

因为工程建设项目的唯一性和复杂性特点，没有完全相同的两个建设项目，也没有完全相同的质量管理内容，难以直接采用规范、统一的ISO9000质量管理体系。如果采用，则需在不同工程建设项目中进行针对性的大幅调整，耗时耗力，适用性大打折扣。因此，全面质量管理体系是当前工程质量管理体系相对较优的选择。

第 2 章
质量强国、交通强国和平安百年品质工程建设要求

2.1 交通强国建设相关要求

2019 年,中共中央、国务院印发了《交通强国建设纲要》,指出:建设交通强国是以习近平同志为核心的党中央立足国情、着眼全局、面向未来作出的重大战略决策,是建设现代化经济体系的先行领域,是全面建成社会主义现代化强国的重要支撑,是新时代做好交通工作的总抓手。要求坚持以人民为中心的发展思想,牢牢把握交通"先行官"定位,适度超前,进一步解放思想、开拓进取,推动交通发展由追求速度规模向更加注重质量效益转变,由各种交通方式相对独立发展向更加注重一体化融合发展转变,由依靠传统要素驱动向更加注重创新驱动转变,构建安全、便捷、高效、绿色、经济的现代化综合交通体系,打造一流设施、一流技术、一流管理、一流服务,建成人民满意、保障有力、世界前列的交通强国,为全面建成社会主义现代化强国、实现中华民族伟大复兴中国梦提供坚强支撑。

2020 年,党的十九届五中全会通过的《中共中央关于制定国民经济和社会发展第十四个五年规划和二〇三五年远景目标的建议》,对加快建设交通强国作出专门部署,提出明确要求。我们要加快建设人民满意、保障有力、世界前列的交通强国,为全

面建设社会主义现代化国家当好"先行官"。

2.2 交通运输部关于平安百年品质工程建设工作部署

2.2.1 平安百年品质工程建设总体要求

交通运输部于2018年印发了《"平安百年品质工程"建设研究推进方案》,提出了"以材料、设计、工艺工法、装备、监测、养管以及信息技术为研究方向,集中开展专题研讨和学术交流,推进实验室和实体工程验证,逐步形成一整套适用于工程建设耐久性的技术和标准,为建设质量耐久、安全可靠、经济环保、传承百年的高品质交通基础设施持续提供技术支撑"的工作目标,并在桥梁、隧道、路基路面及高边坡等七个领域展开研究攻关。

交通运输部于2019年印发了《交通运输部关于开展交通强国建设试点工作的通知》,提出"拟通过1~2年时间,取得试点任务的阶段性成果,用3~5年时间取得相对完善的系统性成果,培育若干在交通强国建设中具有引领示范作用的试点项目,形成一批可复制、可推广的先进经验和典型成果"的试点工作目标。

2.2.2 平安百年品质工程建设基本原则

1)理论实践结合

树立百年工程理念,以提升工程耐久性为目标,有针对性地研究工程建设发展理论和技术方法,指导建设实践,及时总结提炼成功经验,推动形成可复制可推广具有实践性的技术创新成果,并大力推动成果转化。

2)成本效益平衡

将工程全寿命周期理念融入工程管理、设计与建设当中,科学把握质量安全与成本的关系,既要提升设计施工质量保障年限的耐久性,也要避免不切实际的高成本、高投入,实现成本与质量安全的目标最优。

3）对标对表国际

紧盯国际先进技术标准以及最新研究成果，系统进行梳理评估，及时吸收转化为国内标准，建立完善"平安百年品质工程"的建设标准体系。

4）立足成果落地

研究提出科研成果转化和加快先进技术、装备实践应用的技术政策和推进机制，引导工程建设项目积极采用先进技术、装备和标准。

2.2.3 平安百年品质工程建设工作目标

以材料、设计、工艺工法、装备、监测、养管以及信息技术为研究方向，集中开展专题研讨和学术交流，推进试验室和实体工程验证，逐步形成一整套适用于工程建设耐久性的技术和标准，为建设质量耐久、安全可靠、经济环保、传承百年的高品质交通基础设施持续提供技术支撑。

2.2.4 平安百年品质工程建设的重要意义

习近平总书记指出，国家重大工程要高质量建设好，全力打造精品工程、样板工程、平安工程、廉洁工程。《中共中央 国务院关于开展质量提升行动的指导意见》（中发〔2017〕24号）明确要求，要确保重大工程建设质量，建设"百年工程"。

交通运输部印发的《"平安百年品质工程"建设研究推进方案》明确提出研究建设"平安百年品质工程"。要求以交通强国、质量强国建设为统领，以品质工程建设为基础，大力提升公路水运基础设施使用寿命和耐久性。充分发挥基础设施最大经济效益，更好地满足经济社会发展和人民群众安全便捷出行，为从交通大国向交通强国迈进奠定基础。

交通行业品质工程建设是交通强国和质量强国建设的重要实践，是新时代交通行业贯彻以人民为中心发展理念、实现高质量发展的要求，是我国从交通大国向交通强国转变的必经之路。

第 3 章 高速公路质量管理现状

3.1 高速公路工程质量管理

3.1.1 施工单位单方自检

新中国成立后至 1958 年,百废待兴,工程质量方面我国并无明确管理规定。工程质量的管理仅仅由施工单位进行内部质量控制检查。

3.1.2 建设单位验收制度

1958—1980 年,在施工自检的基础上,增加了建设单位参与验收的质量管理制度。

3.1.3 政府监督制度

1980—1988 年,建设工程实行施工单位自检、建设单位验收、政府监督的质量管理模式。政府作为第三方对工程质量进行监督。

3.1.4 工程监理制度

1988 年,我国开始工程监理制试点,此后于 1992 年在全国范围内推行。到 1996

年起得到了全面发展,形成了政府监督、法人管理、社会监理、企业自检这一延续至今的现行工程质量管理体制。

3.1.5 现代质量管理

我国企业于1990年开始引进西方现代工程管理制度,先后引进了ISO9000质量管理体系、全面质量管理(TQM)、零缺陷管理、六西格玛、精益生产(Lean Production)等现代质量管理体系。

3.2 高速公路工程质量管理现状及存在的问题

3.2.1 现状

我国有部分企业尝试推行TQM全面质量管理体系。但这些企业推行TQM全面质量管理体系是在质量管理第一阶段——质量检验阶段基础上起步的,并且基本上没有经过统计质量控制阶段,突出呈现的几个问题是:掌握统计技术的人力资源匮乏、预防为主的质量指导思想未能有效树立、控制水平三个方面存在较大差距。

较多数量的企业引进了ISO质量管理体系,但大部分企业实际的质量管理水平普遍低于ISO9000的要求,对质量管理体系实操层面仍处于取得认证证书,进而在投标、产品出口方面获得相对优势阶段。从实际的企业管理和质量管理方面来说,仍停留在似是而非的低层次模仿层面。

高速公路建设行业除了上述一些共同的问题外,还有本行业的一些具体问题。

当前,我国高速公路建设行业发展仍以速度规模和经济效益为主要驱动力,对新发展理念的贯彻还不够彻底,不少地区尚处于探索尝试如何有效落实执行的层次。主要体现在以下几方面:一是不同体系投资主体在履行建设项目社会责任、确定建设标准和项目成效考核方面尺度上存在差异;二是随着建设标准越来越高,项目建设难度越来越大;三是行业内依赖管理者业务能力和管理思路,因人成事的经验式管理体系与当前国际主流的 ISO 标准化管理、全面质量管理等先进管理模式存在显著差距;四是部分项目对选线、各类专项评估、勘察设计、招标等前期阶段关键性工作重视程度不高,造成项目先天不足,在实施阶段难以弥补;五是施工一线从业人员缺口越来越大,流动性大,技术素质偏低,合格产业工人短缺的现状,已成为制约行业发展的基础性问题;六是目前高速公路建设还有不少质量通病没有得到很好解决,根据交通运输部关于公路工程质量统计分析文件,在砂浆强度、沥青路面低温摊铺、隧道锚杆偷工减料、交通安全设施护栏中心高度、原材料方面(粗细集料、土工合成材料、橡胶支座)等方面的质量通病问题仍屡见不鲜,公路工程项目质量指标及耐久性与"平安百年品质工程"尚有一定的差距。

3.2.2 存在的问题

3.2.2.1 高速公路质量管理处于质量管理的初级阶段——质量检验阶段

高速公路建设项目的现场质量管理目前仍依赖"质量检验阶段"的事后检测管理。工程管理理念和水平与国际先进脱节,反映在建设项目上,表现为质量问题多发,质量事故时有发生。高速公路近 30 年的信息化手段、施工装备、先进工艺,优秀设计成果、原材料的进步和经验积累并未能全面解决工程质量的突出问题和常见问题。因为施工单位分包管理的缺失或不足、实际从事施工的班组水平差距、招投标市场价格的扭曲,一些质量问题在现阶段甚至更加严重。

3.2.2.2 质量管理未能贯穿建设项目全过程

建设项目未能在筹建初期明确质量目标,对项目质量管理的核心阶段-设计阶段质量控制偏于薄弱。设计勘察测量深度不足、指导性施工组织设计不尽切合实际、方案比选论证不足等问题往往造成项目管理重大变更、工期重大延误,质量管理存在较大隐患。

项目管理重建轻养,建管养脱节;未能建立全寿命周期成本概念,预防性养护工程往往因为理念、资金、生产安排问题未能及时实施。

3.2.2.3　未能建立全员参与、人人有责的质量管理体系

安全管理一岗双责、党政同责,齐抓共管的理念已深入人心。但质量管理仍然停留在质检系统负责,事后检验的质量检验阶段。未能建立起工程建设设计、咨询、施工、监理、试验检测、监测、养护等各个方面,各个专业岗位的人员全员参与、人人有责的质量管理责任体系。

3.2.2.4　未能树立预防为主、事先管控的质量指导方针

质量管理手段以事后的处罚、返工、通报为主,突出强调验收标准,忽视事前或事中的管理控制,质量与进度、质量与经济效益的矛盾进一步放大。部分项目质量管理事实上成为劣质工程补救、缺陷工程评估的善后管理。

3.2.2.5　未能建立运转良好的质量管理程序

目前高速公路建设还有不少质量通病没有很好得到解决,公路工程项目质量指标及耐久性与"平安百年品质工程"尚有一定的差距。除开人员、材料、机械设备等客观因素,造成这一问题的原因还有现行的质量管理体系存在不健全、执行不到位等情况。

我国现行工程质量管理体制为政府监督、法人管理、社会监理、企业自检。不同建设项目业主介入工程质量管理的程度不同,过程管理更依赖于监理、检测单位的工作。监理单位监理人员流动性以及监理人员的责任心都将影响质量管理的最终结果。业主对监理工作的考核更多是对工程实体建成后的质量指标的考核。这一考核模式客观上使得监理单位很大程度上成为承包人质量管理不到位的被动问责对象,监理有动机掩盖甚至与承包人合作隐瞒。制定建设项目参建各方、内部各职能部门、各专业岗位的质量责任和工作清单,明确统一质量控制程序显得尤为重要。

3.2.2.6　经验式管理,建设管理缺乏专业性、体系性

随着建设标准越来越高、项目建设难度越来越大,依赖管理者业务能力和管理思路,因人成事的经验式管理体系已与当前国际主流的 ISO 标准化管理、TQM 全面质量

管理等先进管理模式存在显著差距。

3.2.2.7 项目前期工作简单、粗放,忽视前期工作

部分项目对选线、各类专项评估、勘察设计、招标等前期阶段关键性工作重视程度不高,造成项目实施阶段先天不足,难以弥补。

3.2.2.8 缺乏项目建设策划,目标、理念不清晰

部分项目发展理念、建设目标不尽清晰。对于项目如何实现高质量发展,打造品质工程,如何避免不切实际的高成本、高投入的同时实现品质工程缺乏系统的策划。项目策划仍停留在工程实施资源要素等施工层面。

3.2.2.9 参建各方履约能力存在差距

各参建单位资金、管理、人员素质等参差不齐,履约能力存在较大差距。

行业市场发展迅速,管理及技术人才培养相对市场发展滞后,大量年轻工程技术人员承担建设项目重要管理任务。

近年来我国交通行业建设项目体量巨大,施工一线人员需求旺盛,从业人员缺口越来越大,供需紧张。由于劳动力市场对熟练工人的供需矛盾,导致熟练从业人员因劳动力市场过度竞争劳动报酬价格增长过快,已出现工费高于施工合同清单价的情况。另外,这部分从业人员流动性大,使得建设项目一线施工技术水平难以稳定。另一方面,由于市场的巨大需求,催生了一大批未经过足够专业技术培训,技术素质偏低的从业人员进入交通行业建设项目,为项目质量管理埋下隐患。合格产业工人短缺的现状,已成为制约行业发展的基础性问题。

3.2.2.10 管理创新、技术创新不足

一方面建设项目管理创新、技术创新方面投入不足,重视程度不够。另一方面已有的科研成果转化和四新技术应用存在一定的障碍。

2014年,交通运输部发布《交通运输部关于加强公路水运工程质量和安全管理工作的若干意见》,对行业发展提出了"推行现代工程管理,提升专业化管理能力,实施

质量和安全风险管理"的要求,表明行业管理水平以及质量、安全管理的效果尚有提升空间。

2016年,广东省交通运输工程质量监督站在文件中通报了"专业技术人员配置不到位、监理不到位、施工单位落实主体责任不到位、施工监控不到位、分包管理不到位"等问题,表明高速公路发展到现在依然存在管理、技术人员配备等方面的问题。

上述两份文件在一定程度上反映了目前高速公路建设领域质量管理体系建设存在的问题。

推行TQM现代工程管理,实现高质量发展,在理念创新、管理创新、技术创新方面下功夫,在管理到位和制度落实方面严要求,是高速公路质量管理的重要创新改革方向。

第 4 章 惠清项目概况及特点

4.1 项目概况

汕湛高速公路惠州至清远段位于广东省中部地区,是广东省高速公路规划网"二横"线——汕湛高速公路的重要组成部分,属省重点建设项目。路线起于惠州市龙门县龙华镇横槎村,与广河高速公路呈T形交叉,经惠州市龙门县永汉镇、广州市从化区良口镇、清远市佛冈县汤塘镇和龙山镇、清远市清城区飞来峡镇,分别与大广、京珠、广乐等高速公路交叉,终点止于清远市清新区太和镇井塘村,顺接汕湛高速公路清远至云浮段。项目总投资约217.98亿元,全线采用双向六车道建设标准,路基宽33.50m,设计速度100km/h,桥梁设计汽车荷载为公路—Ⅰ级,地震动峰值加速度为$0.05g$,已于2020年建成通车。

项目全长125.277km,其中惠州市龙门县境内约19km,广州市境内约30km,清远市境内75km。全线桥隧比为48.8%,折合桥梁长度39.68km,共设主线桥104座(其中特大桥11座),折合隧道长度21.389km(按桩号长度计),共设隧道16座(其中特长隧道2座),互通式立交16处(含1处预留),管理中心1处,服务区2处,停车区2处,集中住宿区3处。

4.2 项目特点

4.2.1 沿线经济发达，选线定线难度大

本项目跨越三市五县区十个镇，沿线经济较为发达、城市化程度高，土地附加值高，供需矛盾突出，选线定线协调难度大。

4.2.2 敏感点多，生态水保环保压力大

项目穿越的生态敏感区5个；穿越的生态严控区3个且涉及路线长度31.4km；紧邻的生态严控区8个，途经多个旅游景区，生态环境敏感点多。

4.2.3 地质复杂，设计施工难度大

龙门、清远区域石灰岩分布，常见地下溶洞、塌陷、土洞、岩石断层、暗河等不良地质，部分桩基存在串珠状溶洞，处治难度大。隧道存在洞口偏压、断层、富水、洞口位于滑坡体等不良地质现象，高边坡存在内倾顺层、崩塌、滑坡、落石等，如图4-1、图4-2所示。

图 4-1

图 4-1　惠清高速公路某富水隧道施工期掌子面情况

图 4-2　惠清高速公路某土质边坡施工期崩塌情况

4.2.4　桥隧比高,工程规模大

本项目桥隧比 48.8%,其中 TJ7 标桥隧比达 96%。

全线设隧道 21389m/16 座,桥梁 39.68km,互通式立交 16 处,工程规模大。

4.2.5 地形复杂,施工组织难度大

本项目线位基本在山区布设,地形起伏,高填深挖、陡坡路堤多处;个别桥梁墩最高70m,多座桥梁平均墩高50m;三级以上边坡177处,其中5级边坡47处,6级边坡6处。

第 5 章
惠清项目质量管理总体策划

5.1 质量管理策划目的

《惠清项目质量管理策划方案》的编制是以落实质量强国建设目标、交通强国建设目标、平安百年品质工程目标为导向,总结行业近30年建设成果和相关经验教训,针对目前高速公路建设存在的普遍性问题,结合项目特点和实际需要,围绕落实践行全寿命周期、建管养营一体化、本质安全、以人为本、价值工程、绿色建设、科技创新、管理创新、和谐工程、廉洁工程等要素进行系统性、前瞻性、专业性策划质量管理思路。总结借鉴近30年高速公路建设先进经验,分析行业存在的普遍性问题,落实新时代平安百年品质工程建设总目标。确立平安百年品质工程总目标和质量精品子目标体系;明确质量管理相关指导方针、管理理念、管理方法;建立有针对性的质量标准体系;创新性引入现代项目管理方法;落实交通运输部"五化管理"要求;建立系统配套的质量保障措施,保障目标体系、理念体系、方法措施能够有效落实执行。通过惠清项目平安百年品质工程建设探索,总结一套适应现代项目管理的、可复制、可借鉴的系统方法,为高速公路平安百年品质工程建设提供惠清方案。通过惠清项目平安百年品质工程建设平台,培养一批适应新时代要求的产业工人、技术管理人才,实现建设平安百年品质工程、培养优秀技术管理团队的惠清项目目标。

《惠清项目质量管理策划方案》(图5-1)是惠清项目质量管理的纲领性文件,紧紧围绕管理目标,有针对性地从合同、技术、经济等方面综合施策,明确了对项目各个阶段各合作单位质量管理行为的规定,并指导惠清项目各项具体工作、管理制度、流程。

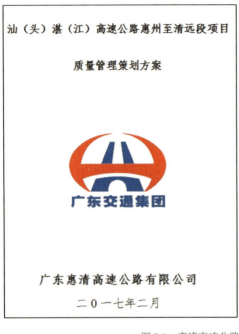

图 5-1　惠清高速公路《质量管理策划方案》

5.2　质量管理策划内容

《惠清项目质量管理策划方案》以创建品质工程为目标,以质量问题预防和事先管控为导向,从质量管理理论、高速公路质量状况及政策导向、高速公路质量问题产生的原因、惠清项目特点、实现质量目标迫切需要解决的问题、管理思路和对策展开分析和研究。

根据建设项目阶段性特点,划分为前期筹建阶段策划、施工准备阶段策划、施工过程质量管理策划、交竣工阶段质量管理策划、质保期和运营期质量管理策划五个阶段。《质量管理策划方案》研究确定各个阶段主要工作内容、重点难点工作、质量要求和标准、实现阶段目标的方法和措施。

5.3 质量管理目标体系、理念体系

惠清项目参考借鉴了管理大师彼得·德鲁克提出的"目标管理"模型,并结合惠清项目的管理目标借鉴、应用、改进,最终形成了惠清项目的四级质量目标管理体系。惠清高速公路建设理念及建设目标如图5-2所示。

a) 十六个建设目标

b) 八大建设理念

图5-2 惠清高速公路建设理念及建设目标

第5章 惠清项目质量管理总体策划

5.3.1 总目标(一级目标)

确立创建品质工程的建设管理总目标和涵盖工作质量的质量管理目标。

5.3.2 子目标(二级目标)

将总目标分解至安全、质量、绿色、科技四大板块并细化分解为十六项子目标。

5.3.3 阶段目标(三级目标)

将十六项子目标结合建设项目整个周期大的阶段划分,进一步分解设置阶段目标。阶段目标是对二级目标按阶段进一步细化分解后的目标。

本项目将建设项目周期划分为前期、施工准备、施工、交竣工四个大的阶段。每个阶段根据十六项子目标和本阶段工作内容独立设置阶段目标。

5.3.4 分项工作目标(四级目标)

阶段目标根据其主要工作内容确定和构成,区分不同工作(工程或专业)针对性设置分项工作考核目标。分项工作目标是对三级目标按内容、专业技术和施工组织的特点进一步细化分解后的目标,该目标为每项具体工作执行的标准和考核的依据,是项目在执行层面的具体明确的微观指标。

5.3.5 四级目标体系配套的考核机制

惠清项目以四级目标体系落地为抓手,将惠清项目的管理理念、管理思路及体系、管理措施、绩效考核和价值导向融入目标管理体系中,并重点对分项工作目标(四级目标)通过各种事前规划交底、事中检查考评、事后奖罚的手段和措施确保目标实现。

5.4 惠清项目全寿命品质工程阶段划分、各阶段质量管理重点

惠清项目研究确定四个大的阶段主要工作内容和阶段目标，以及相应的管理措施。其中施工阶段根据本项目不同时段的重点内容又具体划分为基础（路基桩基软基）、下部构造、上部构造、路面、交通安全设施、机电工程实施等小的阶段。

对各个阶段工作的具体内容、质量管控的重点和难点，管理思路和措施进行针对性研究，并将研究成果纳入前期专项、设计文件、招标和合同文件、管理规章制度当中，通过技术、经济、合同、奖罚、信用评价等方面综合施策。

5.5 规划、设计质量

建设项目前期筹建阶段的主要工作内容有：①项目建议书（工程预可行性研究报告）编制及报批；②各层级国土空间规划、交通运输专项规划的编制及规划衔接；③工程可行性研究报告编制及报批；④初步设计文件编制、评审及批复；⑤施工图文件编制、评审及批复。惠清项目确定本阶段质量控制的主要目标是：加强方案评审，确定多目标综合最优的具体路线设计和最优方案，并确定了重视生态环境保护、预防地质灾害、节约利用土地资源、绿色、共享等建设理念作为前期工作基本原则。

5.5.1 规划质量

惠清高速公路坚决执行耕地保护的基本国策，项目规划设计阶段坚持不占和少占基本农田。

惠清高速公路高度重视生态环境保护和预防地质灾害，开展环保选线、生态选线、地质选线，在项目工程可行性研究阶段将生态环境保护和地质灾害预防作为基本原则贯彻执行。

惠清高速公路坚持"价值"工程理念,将履行企业社会责任、保护耕地集约用地、保护生态环境、绿色建设、共建共治共享等发展理念作为惠清项目的价值理念,纳入项目价值评价体系。建设单位组建专业团队,全面参与深度介入,使得项目核准和专项评估、工程可行性研究、初步设计文件质量达到了预期的深度。

5.5.2 设计质量

创新设计进一步深化推进建设理念落地,提出了"隧道洞渣100%利用"、"隧道零开挖进洞"、绿化"原生态融合"、临建设施"临永结合、共建共享"、地表耕植土保护利用、红线内原生树木移栽保护利用、房建工程"融入地域特色"、"双标管理"等先进设计理念,对广东省标准通用图结合项目的特点和设计理念加以完善改进。

开展房建附属设施设计方案竞赛、绿化美化方案竞赛和隧道洞门设计方案竞赛;首创性地在设计文件中单独编列环境保护专章、安全生产专章,使得安全生产和环保水保初步实现标准化和规范化;将指导性施工组织方案和完善的便道体系方案纳入施工图;先后开展施工图桥台选址及桥跨布置、高边坡、软基、土石方调配、涵洞、三改工程、涉水涉铁涉路涉高压电施工方案等专项审查,进一步确保了施工图设计质量。

5.6 招标阶段工作质量

施工准备阶段的时间范围为施工图经批复后且施工招标前,主要工作内容有:①项目质量管理制度、程序性文件的编制;②结合项目实地勘察情况,对施工图指导性施工组织设计进行优化;③招标工作;④确定本阶段质量管理目标并提出实现质量目标的措施。

惠清项目根据本阶段主要工作内容,开展了项目管理建章立制、招标文件编制、实施性施工组织设计编制等工作。

5.6.1 项目质量管理制度、程序性文件的编制

结合高速公路工程建设管理的特点和惠清项目的质量目标,以全面质量管理体

系落地和有效执行为目标,确定了"四全四法"全面质量管理体系+"一二三四五"的配套质量管理制度的建章立制工作思路。

5.6.2 实施性施工组织设计

惠清项目组织建设管理人员对项目沿线地材供应、道路运输条件及运距、便道设置的必要性和可行性、拟选用临时用地及取弃土场可用性、临时用电、项目沿线保护地及生态环境敏感点、涉路涉铁涉航涉电施工等安全生产敏感点进行了细致调查,并按照"共建共享"的发展理念,提出了大型临时设施提倡租用地方既有建筑、便道便桥和临时用电"永临结合"、表土集中存放后期回用、原生植物移栽保护、洞渣及弃土全面利用、桥台隧道洞门涵洞挡土墙选址优化微调等多方面的调查报告和优化意见,为项目施工图修编和招标控制价的组价提供了充分的第一手资料。

5.6.3 招标文件编制

前瞻性地编制质量强制性标准、双标补充细则、路面精细化规定等质量管理规定并纳入招标文件载入合同,确立法律效力,避免争议和分歧。通过这一做法,基本确立了惠清项目在大型临时设施建设、大型机械设备、工艺工法、信息化系统使用等方面的标准,为后续惠清项目采取的一系列措施奠定了基础。

将实施性施工组织设计成果纳入施工图修编,作为招标控制价编制的依据。

5.7 施工阶段质量管理创新

5.7.1 惠清项目"四全"TQM 质量管理体系建设

惠清项目借鉴全面质量管理(TQM)的现代工程管理理论,以 PDCA 循环为质量管理的基本方法,结合高速公路建设特点,创建并打造惠清的全员、全过程、全覆盖、全方位的 TQM 全面质量管理体系。

5.7.1.1 全员质量管理体系建设

将质量责任分解至全体参建单位全员,要求各参建单位全员编制质量管理责任清单报建设单位备案。责任清单要求纳入各单位员工绩效考核。

质量管理人员实行准入、试用期管理:全体参建单位一般质检人员、试验检测人员、监理人员实行考试准入(图 5-3),并在过程中加强对相关人员的考核,不合格进行更换;重要岗位人员实行试用期管理,试用期满公开答辩。

a)惠清项目全线质检人员考试(含监理组长)现场

图 5-3

b)第二次质检人员考试现场

c)质检考试清远分考场

图5-3 惠清项目各参建单位质检人员准入考试

全体参建单位单独设置质量管理部,质量管理业务线条独立运作,进一步强化质量管理业务线条的统筹、监督、管理职能。

推行PDCA质量管理循环,通过全员动员(包括机械设备、原材料、材料、试验、技术、施工)等各个岗位全面参与,将影响质量管理的要素一一识别并纳入责任清单,打破传统狭义的质量管理就是"质检"的固有思维,初步建立了惠清项目"大质量"管理体系(图5-4、图5-5)。

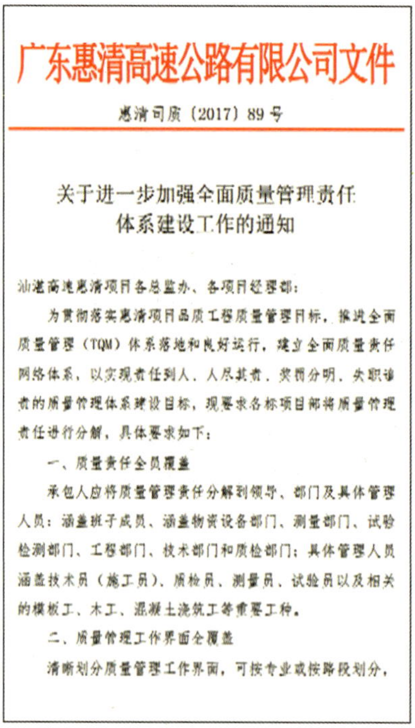

广东惠清高速公路有限公司文件

惠清司质〔2017〕89号

关于进一步加强全面质量管理责任体系建设工作的通知

汕湛高速惠清项目各总监办、各项目经理部：

为贯彻落实惠清项目品质工程质量管理目标，推进全面质量管理（TQM）体系落地和良好运行，建立全面质量责任网络体系，以实现责任到人、人尽其责、奖罚分明、失职追责的质量管理体系建设目标，现要求各标项目部将质量管理责任进行分解，具体要求如下：

一、质量责任全员覆盖

承包人应将质量管理责任分解到领导、部门及具体管理人员：涵盖班子成员、涵盖物资设备部门、测量部门、试验检测部门、工程部门、技术部门和质检部门；具体管理人员涵盖技术员（施工员）、质检员、测量员、试验员以及相关的模板工、木工、混凝土浇筑工等重要工种。

二、质量管理工作界面全覆盖

清晰划分质量管理工作界面，可按专业或按路段划分，

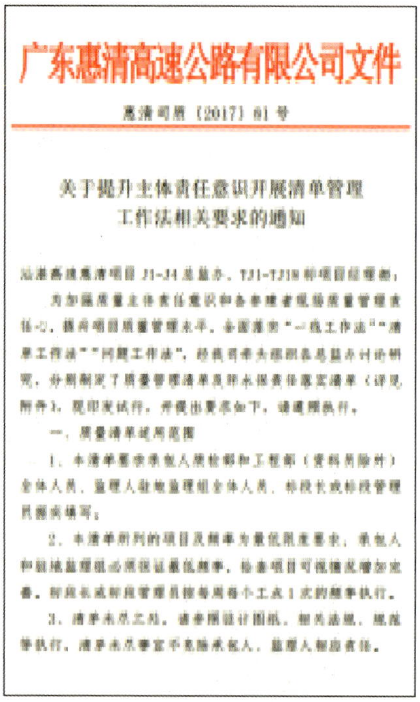

广东惠清高速公路有限公司文件

惠清司质〔2017〕61号

关于提升主体责任意识开展清单管理工作法相关要求的通知

汕湛高速惠清项目 J1-J4 总监办、TJ1-TJ18 标项目经理部：

为加强质量主体责任意识和各参建者现场质量管理责任心，提升项目质量管理水平，全面落实"一线工作法""清单工作法""问题工作法"，经我司牵头组织各总监办讨论研究，分别制定了质量管理清单及样本报表任务落实清单（详见附件），现印发试行，并提出要求如下，请遵照执行。

一、质量清单适用范围

1、本清单要求承包人质检部和工程部（资料员除外）全体人员，监理人驻地监理组全体人员，标段长或标段管理员都需填写。

2、本清单所列的项目及频率为最低限度要求，承包人和驻地监理组必须保证最低频率，检查项目可视情况增加内容。标段长或标段管理员按每周每个工点1次的频率执行。

3、清单未尽之处，请参照设计图纸、相关法规、规范等执行，清单未尽事宜不免除承包人、监理人相应责任。

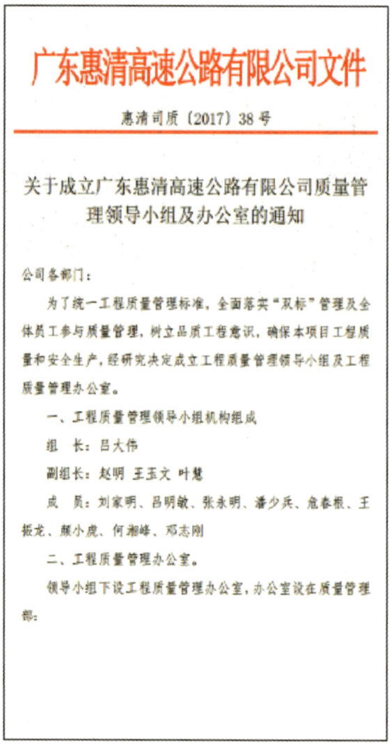

广东惠清高速公路有限公司文件

惠清司质〔2017〕38号

关于成立广东惠清高速公路有限公司质量管理领导小组及办公室的通知

公司各部门：

为了统一工程质量管理标准，全面落实"双标"管理及全体员工参与质量管理，树立品质工程意识，确保本项目工程质量和安全生产，经研究决定成立工程质量管理领导小组及工程质量管理办公室。

一、工程质量管理领导小组机构组成

组　长：吕大伟

副组长：赵明　王玉文　叶慧

成　员：刘家明、吕明敏、张永明、潘少兵、危春根、王振龙、颜小虎、何湘峰、邓志刚

二、工程质量管理办公室。

领导小组下设工程质量管理办公室，办公室设在质量管理部；

图 5-4　惠清项目质量体系建设相关管理文件

图 5-5 惠清项目工程质量缺陷约谈机制

5.7.1.2 全过程管理体系建设

惠清项目在施工阶段的"全过程"指的是工程实体在时间维度上从无到有的全过程。惠清项目全过程管理体系建设主要采取了以下做法：

在施工阶段的全过程管理从大型临时方案审查到交工验收全过程。

大型临时方案根据在招标文件发布的《惠清项目双标管理实施细则》，从机械设备、面积、产能及运输、安全生产等方面进行符合性审查(图5-6)。

图 5-6

图 5-6 惠清项目大型临时设施标准化建设部分成果

施工方案依照招标文件中的《质量管理强制性标准》,对设备、工艺工法进行符合性审查,力求实现以设备保工艺、以工艺保品质的管理思路(图 5-7)。

原材料管理方面:实行甲控材准入、产品质量缺陷强行退出、自产地材质量缺陷强制停产、外购地材联合审验及质量缺陷停用、钢筋钢绞线按批次全覆盖抽检、水泥进场测温和试拌、路面石场预审、砂石料跨总监办交叉审核、台账化管理、盲样盲送随机外委十项管理制度(图 5-8、图 5-9)。

a)盖梁抱箍垫土工布减污染

b)雾炮养生

c)钢筋保护层定位

d)钢管冲孔机

e)全自动数控等离子切割机

f)液压整体行走式外模

图5-7 惠清项目部分工艺、设备标准化建设部分成果

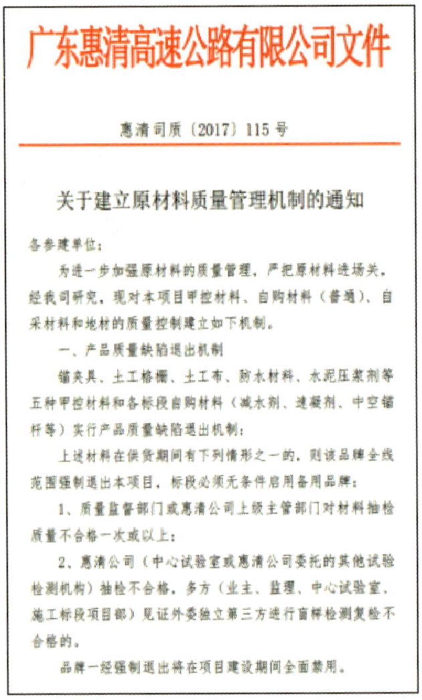

广东惠清高速公路有限公司文件

惠清司质〔2017〕115 号

关于建立原材料质量管理机制的通知

各参建单位：

为进一步加强原材料的质量管理，严把原材料进场关，经我司研究，现对本项目甲控材料、自购材料（普通）、自采材料和地材的质量控制建立如下机制。

一、产品质量缺陷退出机制

锚夹具、土工格栅、土工布、防水材料、水泥压浆剂等五种甲控材料和各标段自购材料（减水剂、速凝剂、中空锚杆等）实行产品质量缺陷退出机制：

上述材料在供货期间有下列情形之一的，则该品牌全线范围强制退出本项目，标段必须无条件启用备用品牌：

1、质量监督部门或惠清公司上级主管部门对材料抽检质量不合格一次或以上；

2、惠清公司（中心试验室或惠清公司委托的其他试验检测机构）抽检不合格，多方（业主、监理、中心试验室、施工标段项目部）见证外委独立第三方进行盲样检测复检不合格的。

品牌一经强制退出将在项目建设期间全面禁用。

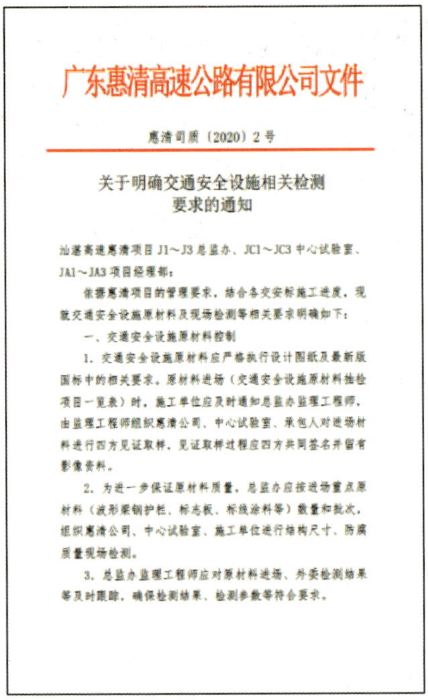

广东惠清高速公路有限公司文件

惠清司质〔2020〕2 号

关于明确交通安全设施相关检测要求的通知

汕湛高速惠清项目 J1～J3 总监办、JC1～JC3 中心试验室、JA1～JA3 项目经理部：

依据惠清项目的管理要求，结合各交安标施工进度，现就交通安全设施原材料及现场检测等相关要求明确如下：

一、交通安全设施原材料控制

1. 交通安全设施原材料应严格执行设计图纸及最新版国标中的相关要求。原材料进场（交通安全设施原材料抽检项目一览表）时，施工单位应及时通知总监办监理工程师，由监理工程师组织惠清公司、中心试验室、承包人对进场材料进行四方见证取样，见证取样过程应四方共同签名并留有影像资料。

2. 为进一步保证原材料质量，总监办应按进场重点原材料（波形梁钢护栏、标志板、标线涂料等）数量和批次，组织惠清公司、中心试验室、施工单位进行结构尺寸、防腐质量现场检测。

3. 总监办监理工程师应对原材料进场、外委检测结果等及时跟踪，确保检测结果、检测参数等符合要求。

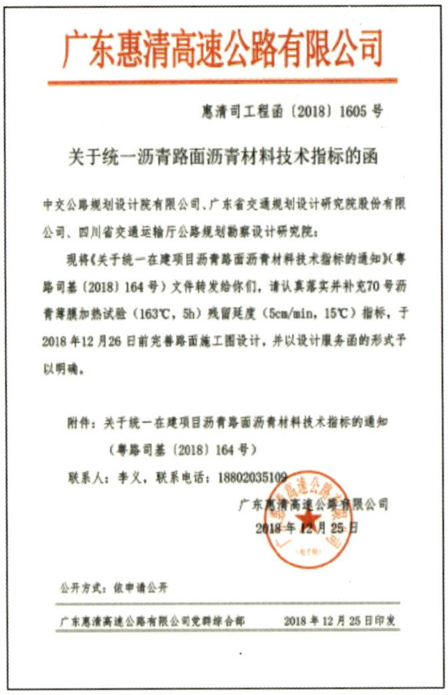

广东惠清高速公路有限公司

惠清司工程函〔2018〕1605 号

关于统一沥青路面沥青材料技术指标的函

中交公路规划设计院有限公司、广东省交通规划设计研究院股份有限公司、四川省交通运输厅公路规划勘察设计研究院：

现将《关于统一在建项目沥青路面沥青材料技术指标的通知》(粤路司基〔2018〕164 号）文件转发给你们，请认真落实并补充70 号沥青薄膜加热试验（163℃，5h）残留延度（5cm/min，15℃）指标，于2018 年12 月26 日前完善路面施工图设计，并以设计服务函的形式予以明确。

附件：关于统一在建项目沥青路面沥青材料技术指标的通知（粤路司基〔2018〕164 号）

联系人：李义，联系电话：18802035109

广东惠清高速公路有限公司

2018 年 12 月 25 日

公开方式：依申请公开

广东惠清高速公路有限公司党群综合部　　2018 年 12 月 25 日印发

图 5-8　惠清项目印发的部分原材料质量管理制度文件

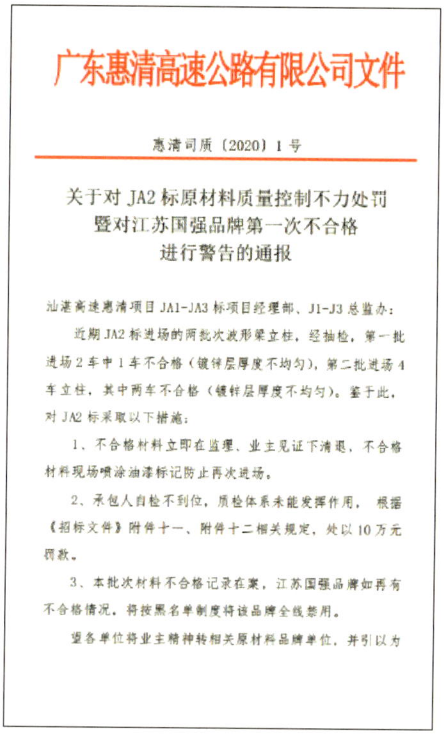

广东惠清高速公路有限公司文件

惠清司质〔2020〕1号

关于对JA2标原材料质量控制不力处罚
暨对江苏国强品牌第一次不合格
进行警告的通报

汕湛高速惠清项目JA1-JA3标项目经理部、J1-J3总监办：

近期JA2标进场的两批次波形梁立柱，经抽检，第一批进场2车中1车不合格（镀锌层厚度不均匀），第二批进场4车立柱，其中两车不合格（镀锌层厚度不均匀）。鉴于此，对JA2标采取以下措施：

1、不合格材料立即在监理、业主见证下清退，不合格材料现场喷涂油漆标记防止再次进场。

2、承包人自检不到位，质检体系未能发挥作用，根据《招标文件》附件十一、附件十二相关规定，处以10万元罚款。

3、本批次材料不合格记录在案，江苏国强品牌如再有不合格情况，将按黑名单制度将该品牌全线禁用。

望各单位将业主精神转相关原材料品牌单位，并引以为

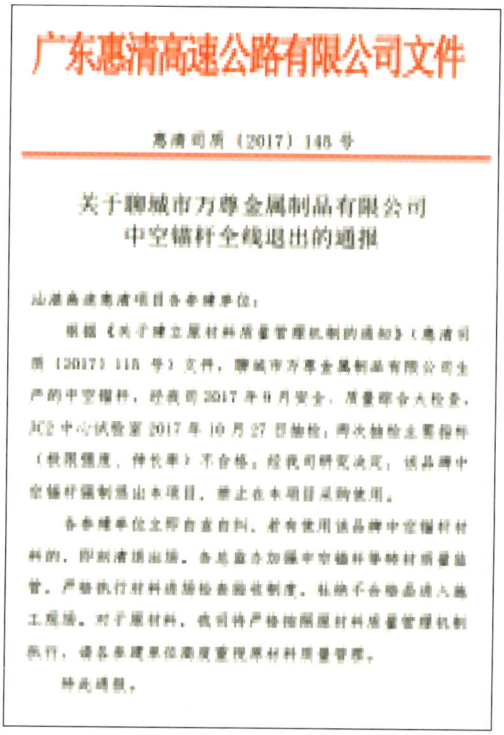

广东惠清高速公路有限公司文件

惠清司质〔2017〕148号

关于聊城市万尊金属制品有限公司
中空锚杆全线退出的通报

图5-9　惠清项目“产品质量缺陷机制”过程中管理文件

工程测量管理方面：建设单位组建了专业测量队，编制项目测量管理工作规划，对各参建单位测量人员专业技术水平进行试用期考核，统筹监督指导全线设计交点（桩）、跨标段联测，对测量成果进行审核。建设单位配置全站仪、水准仪等仪器，对项目隧道、特大桥梁、敏感的高边坡或沉降观测点进行定期测量观测。引进无人机航测技术用于边坡开挖坡口线宽度、路基填筑宽度、平台宽度、桩基偏位、立柱竖直度及柱间距等重要几何尺寸监测，并将无人机高精度航测用于路槽交验。

分部分项工程管理方面：依照“首件认可制”划分的首件类型和质量要点，对原材料、配比、外委试验检测报告结论、工班组技术水平、工程实体质量进行综合评价，组织施工、设计、监理、检测、咨询等单位组成联合验收小组，扎扎实实开展首件验收，避免走过场。将首件认可制视作确立项目质量标准的抓手，对不符合质量标准的工程实体进行处理，对技术水平不符合标准的工班组进行清退，从现场源头把好

质量关。

隐蔽工程管理方面：依照"隐蔽工程管理办法"，对确定为隐蔽工程的，实行100%检查验收，验收过程全程摄像拍照归档，验收结论或数据现场签字拍照上传系统。

施工过程工序验收和试验检测紧密跟踪，用准确及时的质量数据指导施工不断改进。如混凝土采取 7d 强度推测 28d 强度，对异常数据进行预警，以使得管理人员及时采取改进、补救措施。对电磁法检测结构物钢筋保护层厚度采用凿开混凝土保护层"开窗"使用游标卡尺物理验证的方式验证检测数据。项目统一采用较高的预制梁台座，预留底部高度用于梁底板钢筋保护层检测。预制梁钢筋保护层测点在全梁范围内均匀布设，确保采集数据准确反映实体质量。

工程实体及时进行质量检测验收，对于不合格信息编制"不合格信息通知单"将信息同步发送承包人、监理、建设单位相关部门。不合格信息实行编号销号管理，确保所有不合格均得到有效处置。对于不合格信息，实行扩大范围调查，确定需要处置或返工的范围，查明不合格产生的原因和责任人，依照质量管理和双优竞赛管理规定对工班组、相关质量责任人员根据责任大小进行问责。

交工验收阶段建设单位组织培训和宣贯，协助参建单位理解、执行广东省、惠清项目交工验收质量标准，并结合施工进度和交工验收项目编制下达交工验收计划，组织开展预验收建立缺陷清单。对缺陷实行专业化、标准化、规范化管理，委托具备资质的养护专业施工单位依照设计单位认可的标准化处置方法进行处理。部分敏感缺陷由设计院出具正式的服务函明确处理意见。所有缺陷依照标准化的流程进行处理，确保100%闭合不留尾巴。

5.7.1.3　全覆盖管理体系建设

惠清项目全覆盖管理体系建设主要做法是明确了建设单位主导、参与质量管理的界面，主要包括：工班组首件验收全覆盖、关键工序验收全覆盖、关键指标检测全覆盖（图 5-10）。将事前的首件、事中的工序验收和事后质量检测作为全覆盖管理体系的三个重要抓手，展开体系建设。

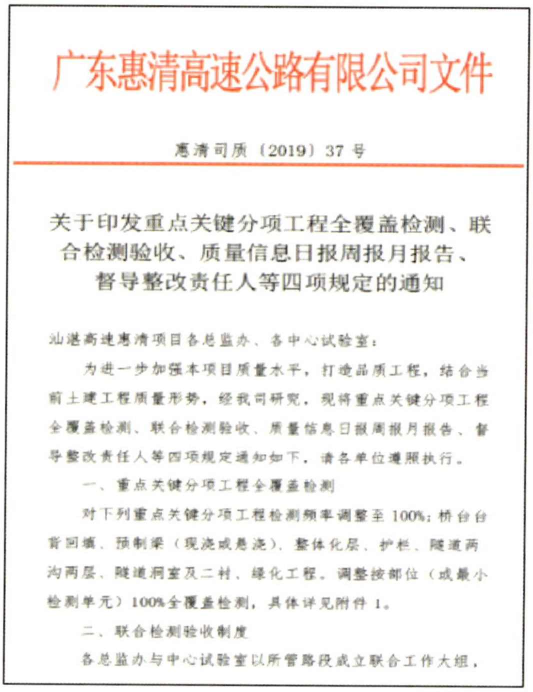
广东惠清高速公路有限公司文件

惠清司质〔2019〕37号

关于印发重点关键分项工程全覆盖检测、联合检测验收、质量信息日报周报月报告、督导整改责任人等四项规定的通知

汕湛高速惠清项目各总监办、各中心试验室：

为进一步加强本项目质量水平，打造品质工程，结合当前土建工程质量形势，经我司研究，现将重点关键分项工程全覆盖检测、联合检测验收、质量信息日报周报月报告、督导整改责任人等四项规定通知如下，请各单位遵照执行。

一、重点关键分项工程全覆盖检测

对下列重点关键分项工程检测频率调整至100%：桥台台背回填、预制梁（现浇或悬浇）、整体化层、护栏、隧道两沟两层、隧道洞室及二衬、绿化工程。调整按部位（或最小检测单元）100%全覆盖检测，具体详见附件1。

二、联合检测验收制度

各总监办与中心试验室以所管路段成立联合工作大组，

图5-10　全覆盖检测、联合验收、质量信息、质量缺陷闭合管理文件

事前，对工班组实现全覆盖首件验收，淘汰清退不合格工班组，把好工程质量管理第一道关。建设单位标段长全程主导或参加本合同段的首件验收。

事中，建设单位对隐蔽工程或关键工序实现全覆盖参与验收，如桩基终孔、基础承载力、盲沟沟槽、边坡锚杆锚索下料、预制梁张拉压浆等隐蔽工程或关键工序。

事后，根据建设单位下发的检测计划，由第三方中心试验室对已完工的工程实体关键指标实行全覆盖检测，如梁板按片、立柱按根，100%检测几何尺寸、强度、钢筋保护层；隧道钢拱架100%预留检查窗口；路面工程使用雷达方式全覆盖检测厚度，使用红外成像方式检测离析或渗水点。

5.7.1.4　全方位管理体系建设

惠清项目全方位管理体系建设主要是确定惠清项目质量管理体系执行的标准、管理的目标、业务流程、组织架构，配套制度、考核奖惩等。其主要内容是：

质量流程管理：确定项目质量管理的标准、目标、流程、监督、考核、激励及问责

机制。

质量管理范围由狭义的"质检、报验"扩展至"人、机、料、法、环"质量全要素管理,将机械设备性能、测量、试验检测及配合比等纳入质量管理范围。

推行"人本化、专业化、标准化、信息化、精细化"。专业化方面组建惠清项目各专业专家库,解决建设过程中存在的技术问题和质量问题。鼓励各参建单位依照专业技术需求配置专业对口的工程师,技术管理专业化。标准化方面出台了临建标准化、工艺及机械设备标准化、试验检测标准化等规定,从质量管理不同要素展开进行规范化管理。信息化方面引进试验室数据采集系统、拌和站数据采集系统、无人机系统等信息化系统,提升质量管理能效。精细化方面推行创新驱动发展战略,提倡理论创新、技术创新、方法创新、集成创新,鼓励各参建单位结合自身优势,从不同方向进行微创新。对于节约建设成本、提高效能的工艺工法创新组织进行全线示范,组织共同编制"汕湛高速惠清项目创新管理实施方案"并付诸实施。

5.7.1.5 惠清项目"四全"TQM 质量管理体系配套制度建设

惠清项目以《质量管理策划方案》确定的思路、指导思想、方针、目标、全面质量管理 TQM 体系和质量管理措施为基础,建立与之相适应的配套项目管理制度体系。

惠清项目质量制度建设总体具有以下特点:一个"策划"先行、五方"制度"(业主、设计、监理、检测、施工)配套、三个"层次"(首件、过程、事后)覆盖、四个"统一"(质量标准、设备、工艺、工法)保障。

根据惠清项目"四全"TQM 质量管理体系管理需要,结合项目特点,对《工程质量管理办法》进行修改和完善,与常规质量管理办法最大的区别主要有:

(1)将质量管理概念从狭义的"质检、验收"扩展至施工阶段各个要素(机械设备、原材料、测量、检测、临建设施)、各个环节(工序)和工程实体。

(2)将全员质量责任登记制和实名制纳入管理办法并严格贯彻落实。试验检测人员依照分工的试验检测任务进行登记;拌和站、钢筋场、预制梁场实行场长责任制;原材料和机械设备性能落实到施工单位物资材料部门;工序验收分解到分部分项和负责现场管理的施工员、质检员和监理员。工程实体中心试验室检测人员按专业和工程范围进行登记;设计、咨询、监测、监控量测等单位也相应进行了质量责任登记。

(3)严格管理试验检测数据的及时性、真实性和可靠性。

建设单位配置试验检测专业工程师,牵头组建项目层次的试验检测专业组,其职能为:负责对一般试验检测人员进行理论和实操考核,对试验室负责人试用期胜任能力进行考核,组织试验比对,组织工地试验室和中心试验室专项月度检查和专项检查,下达惠清项目各类指标试验检测频率,协调解决试验检测争议,跟踪各类不合格信息直至闭合,组织审核中心试验室试验检测工作专项策划方案。试验室安装数据采集系统和视频监控系统,在月度检查中抽查视频、数据和台账的一致性。通过实行专业化的管理,全面提升了惠清项目试验室运行管理水平。

建设单位购置钢筋保护层仪器、回弹仪器、镀锌层测厚仪等设备,对数据的真实性进行校核。对于试验检测规程未能明确的检测细节予以统一,力求消除人为因素造成的偏差,进一步提升试验检测的标准化管理水平(图5-11)。

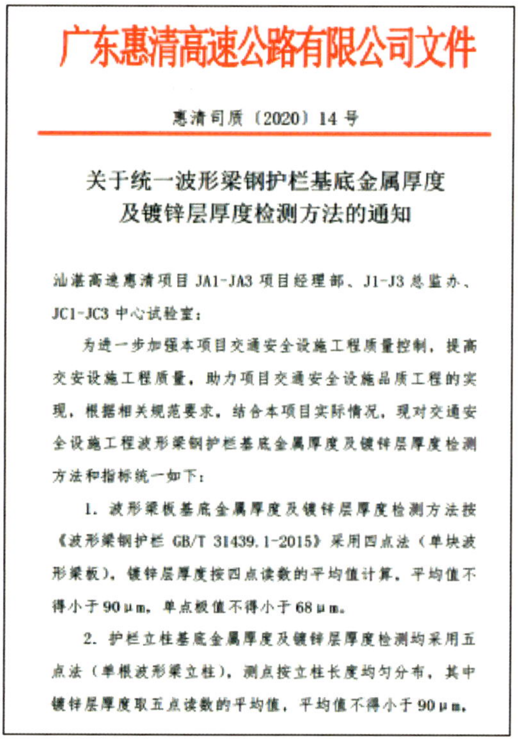

广东惠清高速公路有限公司文件

惠清司质〔2020〕14号

关于统一波形梁钢护栏基底金属厚度
及镀锌层厚度检测方法的通知

汕湛高速惠清项目JA1-JA3项目经理部、J1-J3总监办、JC1-JC3中心试验室:

为进一步加强本项目交通安全设施工程质量控制,提高交安设施工程质量,助力项目交通安全设施品质工程的实现,根据相关规范要求,结合本项目实际情况,现对交通安全设施工程波形梁钢护栏基底金属厚度及镀锌层厚度检测方法和指标统一如下:

1. 波形梁板基底金属厚度及镀锌层厚度检测方法按《波形梁钢护栏 GB/T 31439.1-2015》采用四点法(单块波形梁板),镀锌层厚度按四点读数的平均值计算,平均值不得小于90μm,单点极值不得小于68μm。

2. 护栏立柱基底金属厚度及镀锌层厚度检测均采用五点法(单根波形梁立柱),测点按立柱长度均匀分布,其中镀锌层厚度取五点读数的平均值,平均值不得小于90μm。

图5-11 对波形梁金属厚度和镀锌层厚度检测进行了细化和统一

建设单位组建项目层次的试验检测专业组，研究处理试验检测技术问题，组织交叉互检，相互借鉴管理经验，提高管理水平。根据检测争议复查结果，对试验检测数据进行必要的修正以提高准确性，提高了检测数据的权威性。

全线统一配置性能相近的检测仪器（图5-12），避免检测争议，提高管理效率。对于仍然存在的试验检测数据争议，统一采用凿开混凝土“开窗”、取芯等物理方法进行联合复查，实事求是加强试验检测数据的可靠性。

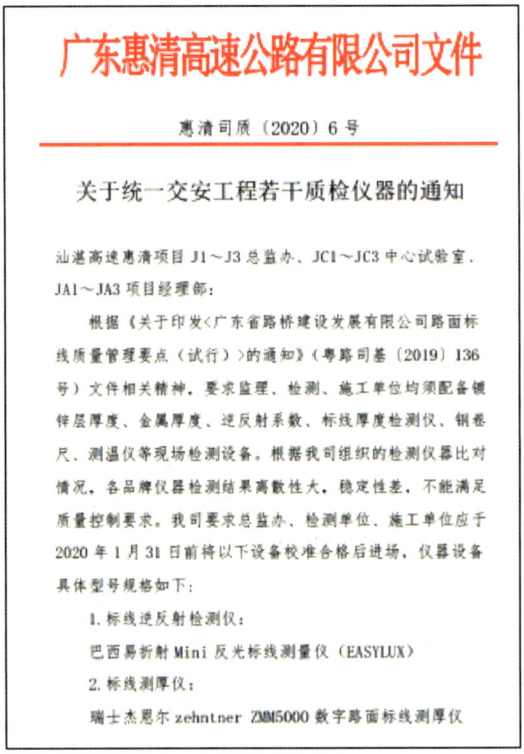

广东惠清高速公路有限公司文件

惠清司质〔2020〕6号

关于统一交安工程若干质检仪器的通知

汕湛高速惠清项目J1～J3总监办、JC1～JC3中心试验室、JA1～JA3项目经理部：

根据《关于印发<广东省路桥建设发展有限公司路面标线质量管理要点（试行）>的通知》（粤路司基〔2019〕136号）文件相关精神，要求监理、检测、施工单位均须配备镀锌层厚度、金属厚度、逆反射系数、标线厚度检测仪、钢卷尺、测温仪等现场检测设备。根据我司组织的检测仪器比对情况，各品牌仪器检测结果离散性大，稳定性差，不能满足质量控制要求。我司要求总监办、检测单位、施工单位应于2020年1月31日前将以下设备校准合格后进场，仪器设备具体型号规格如下：

1. 标线逆反射检测仪：

巴西易析射Mini反光标线测量仪（EASYLUX）

2. 标线测厚仪：

瑞士杰恩尔zehntner ZMM5000数字路面标线测厚仪

图5-12　惠清项目统一交通安全设施检测设备

试验检测结果实行日报、周报和月报制度，并明确了检测信息分发的范围和时效性要求；对于检测不合格信息建立了单独的信息通报及质量缺陷处理机制和挂号销号管理制度，确保所有不合格信息100%处置闭合（图5-13）。

千方百计提高实体检测的覆盖面，新增了预制梁锚下预应力检测、预应力孔道注浆饱满度、雷达法检测路面结构层厚度、红外法检测路面局部离析、无人机航测检测路基填筑宽度和挖方边坡开挖宽度、软基换填深度等检测项目，钢筋保护层检测新增了预制梁底板、盖梁侧面及底面钢筋保护层合格率及检测频率要求等。

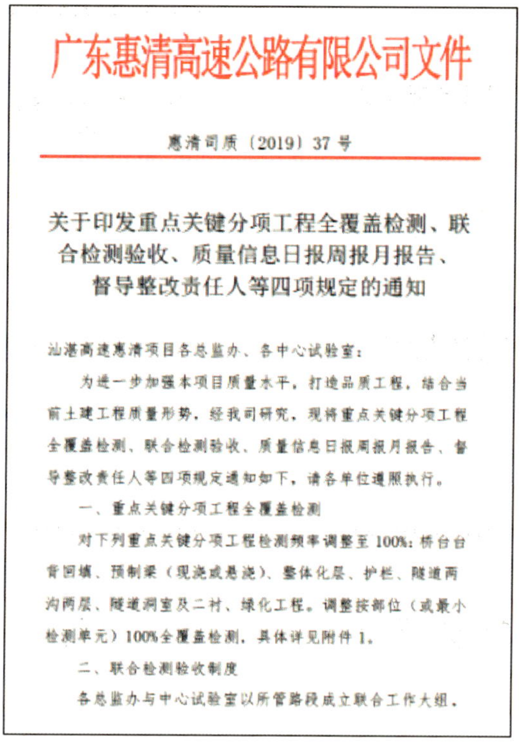

广东惠清高速公路有限公司文件

惠清司质〔2019〕37号

关于印发重点关键分项工程全覆盖检测、联合检测验收、质量信息日报周报月报告、督导整改责任人等四项规定的通知

汕湛高速惠清项目各总监办、各中心试验室：

为进一步加强本项目质量水平，打造品质工程，结合当前土建工程质量形势，经我司研究，现将重点关键分项工程全覆盖检测、联合检测验收、质量信息日报周报月报告、督导整改责任人等四项规定通知如下，请各单位遵照执行。

一、重点关键分项工程全覆盖检测

对下列重点关键分项工程检测频率调整至100%：桥台台背回填、预制梁（现浇或悬浇）、整体化层、护栏、隧道两沟两层、隧道洞室及二衬、绿化工程。调整按部位（或最小检测单元）100%全覆盖检测，具体详见附件1。

二、联合检测验收制度

各总监办与中心试验室以所管路段成立联合工作大组，

图5-13　试验检测日报、周报和月报制度文件

（4）建立健全与“四全”TQM质量管理体系相适应的配套管理制度（图5-14）。

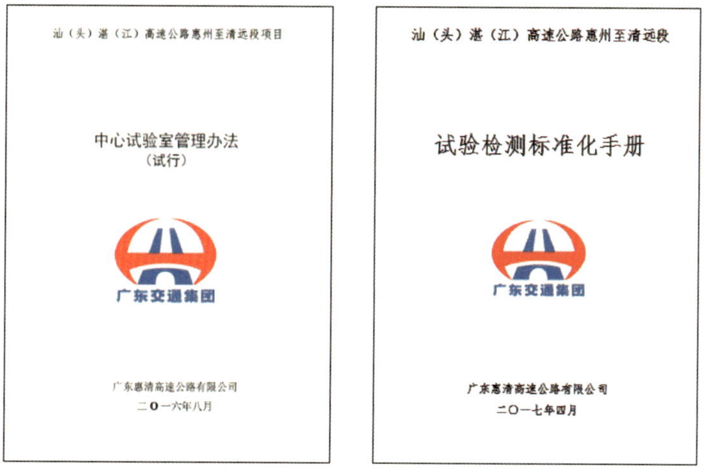

图　5-14

图 5-14　惠清项目部分管理制度文件

优化《工程质量管理办法》，对质量组织机构、质量目标和标准、各参建单位质量责任界面及相关人员质量责任登记、人员准入、工艺工法、机械设备、原材料等方面作出了规定。

在《公路工程施工监理规范》（JTG G10—2015）调整监理工作内容、降低监理抽检工作频率的背景下，优化《工程监理管理办法》，组织各监理人对照建设单位发布的各类策划方案，相应编制本监理合同段的策划方案，确立监理目标，并依照监理策划方案编制监理大纲、监理规划和监理实施细则。组织总监理工程师对所编制的监理策划方案进行答辩,并以此作为对总监理工程师试用期考核的重要内容,确定监理旁站、抽检、巡视、审查审批等诸多内容的标准和流程。避免新老规范体系差异导致项目管理的混乱,并结合全面质量管理体系,进一步明确了监理人在工程质量管理中的定位、功能和标准。同时明确了监理人员准入的条件,对一般监理人员实行准入考试,主要监理人员实行试用期考核制度。规定了建设单位、监理月度例会制度,对监理人员履职情况进行讲评,并协调建设单位和监理单位同频共振,形成合力。

编制《工地试验室管理办法》,结合惠清项目双标管理实施细则和试验检测标准化手册相关规定,对各承包人设立的工地试验室从临建、设备及环境、日常管理、母体机构落实监管责任、项目不合格信息处理流程进行了明确。规定了承包人工地试验室原材料及工程实体自检的频率及部位、时效性要求,力求承包人在内部能够及早发现问题、及时采取措施,避免更大的损失。

编制《中心试验室管理办法》,明确了惠清项目第三方中心试验室独立开展检测工作配合监理评定工程质量的定位和用数据验收工程指导施工的验收咨询功能,明确了中心试验室按监理工程师开具的业务联系单开展检测工作的业务模式和依照工程实体合格率客观数据进行奖惩的质量竞赛、标杆评比、先进管理人员和工匠班组评选的质量管理激励模式。

编制《设计代表管理办法》,规定了设计代表设计后服务组织机构及人员配置要求,明确了设计后服务函出具时效性及设计院本部审核把关责任,明确现场涉及设计代表的业务流程及界面。规定了设计代表考核管理及设计后服务专项奖金评比激励办法。

编制《隧道监控量测及超前地质预报管理办法》,对隧道监控量测单位日常工作作出规定,对异常数据处置流程予以明确,将隧道监控量测工作和安全生产、隧道技术及变更管理、应急管理等相关管理内容进行了整合。

编制《试验检测标准化手册》,实现试验检测标准化,编制《试验检测标准化手册》,从用表、评价标准、检测方法、数据采集系统方面进行标准化建设,并编写形成问题库,供一线试验检测人员查阅借鉴。

编制《工程质量通病防治手册》,图文并茂,以图为主,辅以简明扼要的文字,供一线工作的管理人员和工班组使用,易学易用。

编制《分部分项工程要点控制手册》,首创推行工序要点控制法,对62类分部分项工程重要工序验收程序和验收标准进行了明确。

5.7.2 惠清项目"四法"工作法

为有效落实全面质量管理体系,惠清项目实行"四法"工作法:清单法、台账法、一线工作法、挂牌督办法。

对照各参建单位不同岗位人员依照质量责任登记确认的质量岗位职责,编制岗位工作清单,将工作清单作为最低限度要求,以扎扎实实的岗位工作质量保障质量体系运行的水平。

反对文来文往,以文件落实文件,以会议落实会议的形式主义。要求各参建单位管理人员真正到施工一线发现问题、解决问题,倡导一线工作法,鼓励各参建单位主要负责同志研究制定本单位的一线工作法实施细则并带头落实。

对于一线工作法和清单工作法中发现的问题,如不能在现场及时解决,则纳入台账实行问题台账管理法。台账各单位由专人负责更新、维护并根据工作需要不定期发各相关单位同步,使得信息在各参建单位间信息对称,做到问题有记录、处理有方案、实施有落实、过程有跟踪、结果有反馈。

对于重大或敏感问题,实行挂牌督办法,由各参建单位一把手亲自跟办,结果亲自汇报。督办通知书及办理结果以正式文件形式闭合后归档。

通过"四法"工作法,惠清项目先后制定了涵盖435项管理内容的工作清单,通过一线工作检查形成了9927项次问题台账,并对39项次重大问题挂牌督办,扭转了以往质量管理重结果轻过程的事后检验管理模式,强化了质量过程管理,确保及时发现问题和纠偏,有力保障了项目创建品质工程目标的实现。

5.7.3 工程实体质量关键指标管理

惠清项目对工程质量各项指标进行了系统的研究,结合项目质量管理的目标、重点和难点，制定了系统、全面的质量标准。

在土建施工阶段先后印发文件4份，确定关键指标37项红线指标和目标指标；路面工程、交通安全设施工程、机电工程、绿化工程分别印发质量标准文件各1份，相应确定了红线指标和目标指标。惠清项目累计共印发关键质量指标162项及相应红线标准和目标标准（图5-15）。

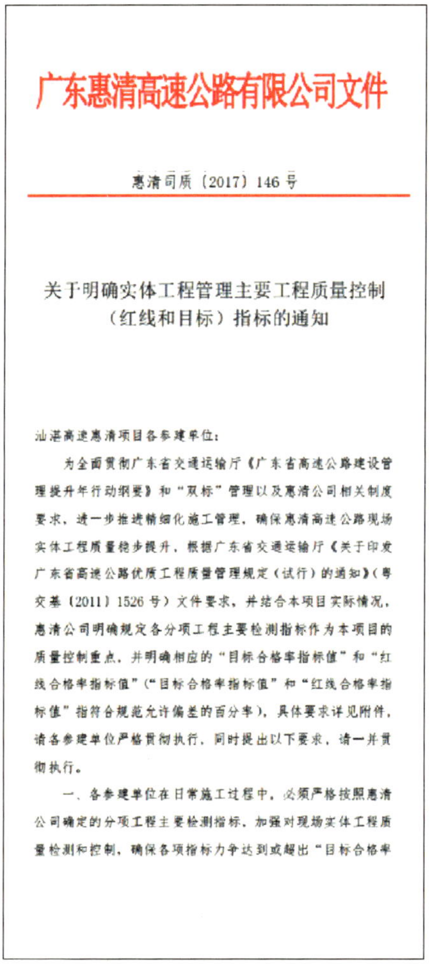
广东惠清高速公路有限公司文件

惠清司质〔2017〕146号

关于明确实体工程管理主要工程质量控制（红线和目标）指标的通知

汕湛高速惠清项目各参建单位：

为全面贯彻广东省交通运输厅《广东省高速公路建设管理提升年行动纲要》和“双标”管理以及惠清公司相关制度要求，进一步推进精细化施工管理，确保惠清高速公路现场实体工程质量稳步提升，根据广东省交通运输厅《关于印发广东省高速公路优质工程质量管理规定（试行）的通知》（粤交基〔2011〕1526号）文件要求，并结合本项目实际情况，惠清公司明确规定各分项工程主要检测指标作为本项目的质量控制重点，并明确相应的“目标合格率指标值”和“红线合格率指标值”（“目标合格率指标值”和“红线合格率指标值”指符合规范允许偏差的百分率），具体要求详见附件，请各参建单位严格贯彻执行，同时提出以下要求，请一并贯彻执行。

一、各参建单位在日常施工过程中，必须严格按照惠清公司确定的分项工程主要检测指标，加强对现场实体工程质量检测和控制，确保各项指标力争达到或超出“目标合格率

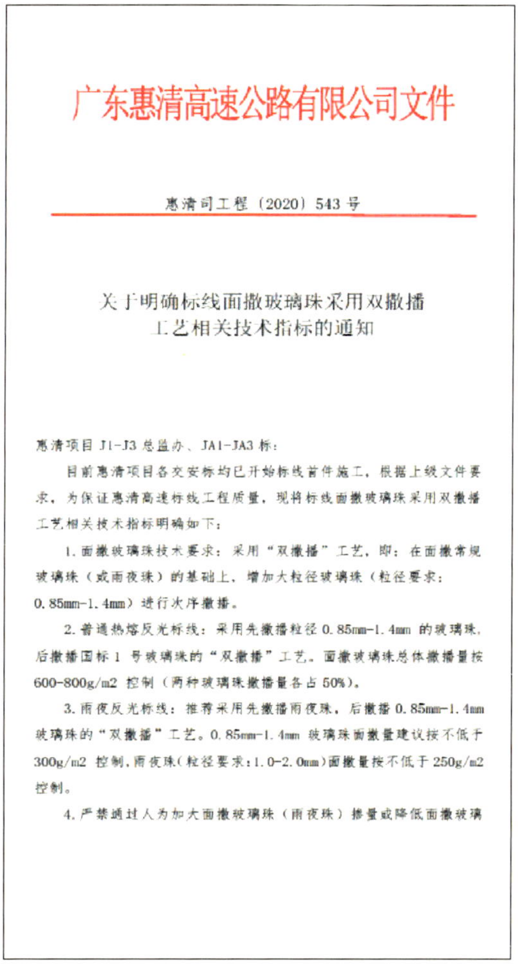
广东惠清高速公路有限公司文件

惠清司工程〔2020〕543号

关于明确标线面撒玻璃珠采用双撒播工艺相关技术指标的通知

惠清项目J1-J3总监办、JA1-JA3标：

目前惠清项目各交安标均已开始标线首件施工，根据上级文件要求，为保证惠清高速标线工程质量，现将标线面撒玻璃珠采用双撒播工艺相关技术指标明确如下：

1. 面撒玻璃珠技术要求：采用“双撒播”工艺，即：在面撒常规玻璃珠（或雨夜珠）的基础上，增加大粒径玻璃珠（粒径要求：0.85mm-1.4mm）进行次序撒播。

2. 普通热熔反光标线：采用先撒播粒径0.85mm-1.4mm的玻璃珠，后撒播国标1号玻璃珠的“双撒播”工艺。面撒玻璃珠总体撒播量按600-800g/m2控制（两种玻璃珠撒播量各占50%）。

3. 雨夜反光标线：推荐采用先撒播雨夜珠，后撒播0.85mm-1.4mm玻璃珠的“双撒播”工艺。0.85mm-1.4mm玻璃珠面撒量建议按不低于300g/m2控制，雨夜珠（粒径要求：1.0-2.0mm）面撒量按不低于250g/m2控制。

4. 严禁通过人为加大面撒玻璃珠（雨夜珠）掺量或降低面撒玻璃

图 5-15

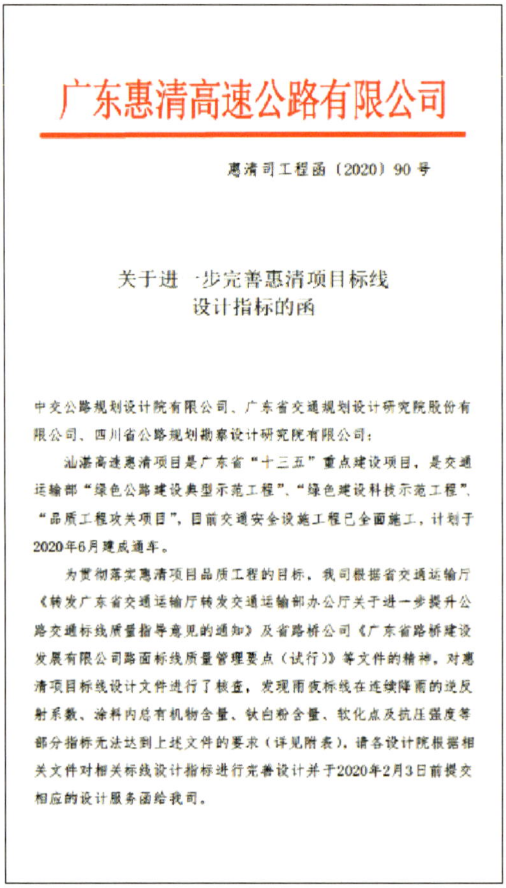

广东惠清高速公路有限公司

惠清司工程函〔2020〕90号

关于进一步完善惠清项目标线
设计指标的函

中交公路规划设计院有限公司、广东省交通规划设计研究院股份有限公司、四川省公路规划勘察设计研究院有限公司：

汕湛高速惠清项目是广东省“十三五”重点建设项目，是交通运输部“绿色公路建设典型示范工程”、“绿色建设科技示范工程”、“品质工程攻关项目”，目前交通安全设施工程已全面施工，计划于2020年6月建成通车。

为贯彻落实惠清项目品质工程的目标，我司根据省交通运输厅《转发广东省交通运输厅转发交通运输部办公厅关于进一步提升公路交通标线质量指导意见的通知》及省路桥公司《广东省路桥建设发展有限公司路面标线质量管理要点（试行）》等文件的精神，对惠清项目标线设计文件进行了核查，发现雨夜标线在连续降雨的逆反射系数、涂料内总有机物含量、钛白粉含量、软化点及抗压强度等部分指标无法达到上述文件的要求（详见附表），请各设计院根据相关文件对相关标线设计指标进行完善设计并于2020年2月3日前提交相应的设计服务函给我司。

图5-15　惠清项目印发红线标准和目标标准文件

惠清项目红线指标是指工程实体指标如低于该红线标准，要求进行处置直至达标。

惠清项目目标标准是指工程实体指标力求达到或接近的目标标准，高于该标准的，纳入双优竞赛参与奖励。对应工程实体施工的工班组纳入工匠班组评比范围，管理人员纳入先进管理人员评比范围。惠清红线指标在规范、设计文件，以及部、省、广东省交通集团相关质量标准的基础上，参考部、省发布的相关指标全国平均水平，并结合惠清项目的质量目标，适度拔高，其实现难度类似定额编制中的“平均先进”水平定义。

惠清项目目标标准制定对标广东省交通运输厅通报该单项指标全省最高水平，综合考虑指标实现的难度和成本，充分研究了机械设备、工艺工法对质量指标的影响及本项目相关标准，以及工班组进场后同类分部分项工程首件工程指标情况，按照在广东省同期高速公路建设项目中能够达到标杆工程评选标准确定。

惠清项目对重要质量指标实行全覆盖检测，检测结果日报反馈、周报分析预警、月度总结提升，以检测数据指导质量管理。

5.7.4 四项预审、四项统一、十大机制

广东惠清高速公路有限公司(以下简称"惠清公司")将质量控制关口前移，推行四预审和四统一管理，原材料管理实行十大机制。具体做法是：

5.7.4.1 四项预审

建设单位审核关口前移，在参建单位人员、设备、材料到场前实行前置把关，推行人员上岗、方案工艺、材料质量、设备进场四项预审制。

5.7.4.2 四项标准统一

为解决不同施工单位在设备、工艺、工法方面投入差异和由此导致的质量差异，惠清项目实行"实体标准、设备、工艺、工法"四统一，鼓励引进先进设备，鼓励采用熟练掌握质量稳定的标准化工艺工法，从资源投入方面消除不同单位、不同工班组的差异，提升全线整体质量水平。惠清公司先后发布工艺标准30余项，消除标段间因投入原因造成的差异，实现以设备保工艺、以工艺保质量、以材料保品质的管理思路。

5.7.4.3 十大机制

对砂石等就地采购的原材料和伸缩缝支座等特殊材料实行：甲控材准入、产品质量缺陷强行退出、自产地材质量缺陷强制停产、外购地材联合审验及质量缺陷停用、钢筋钢绞线按批次全覆盖抽检、水泥进场测温和试拌、路面石场预审、砂石料跨总监

办交叉审核、台账化管理、盲样盲送随机外委等十项制度管理。

5.7.5　4级62类动态全覆盖的首件制管理

严格执行首件制,作为项目确立质量标准和工班组准入的抓手惠清项目将首件制视为确立项目质量标准和工班组施工水平验证准入的重要抓手,为此推行了4级62类首件验收动态全覆盖管理,通过首件制对进场工班组施工水平验证的基础上,择优选取首件工程并将其确立为项目层面的质量标准,通过在各总监办、各施工标段、各工班组组织首件验收查摆差距,营造双优竞赛氛围,激励各单位改进管理和工艺水平,提高质量。为实现管理目的,惠清公司编制了62类工程首件验收要点文件并全线印发。

四级首件即项目级、总监办级、标段级、工班组级:项目级由建设单位主持召开,在总监办级首件中择优选取,在全体参建单位确立质量标准;总监办级由总监理工程师根据实际情况自主选定,在本监理段确立质量标准;标段级由施工单位项目经理根据本标段实际情况自主选定,驻地监理组长和建设单位业主代表参与,在本标段内确立质量标准;工班组级是各标段对进场的工班组施工水平进行验证和准入把关的重要抓手,惠清项目对施工班组100%全覆盖首件制,通过首件淘汰施工水平不能满足要求的工班组。

为避免首件验收通过后可能的质量下滑、工班组更换或新进场工班组,实行首件验收动态管理,根据不同情况实行4种动态首件:开工首件、不同班组首件、新进场班组首件、质量波动重新首件。通过4级62类首件动态全覆盖管理,使得各级管理人员能够全面掌握工班组施工水平,发挥了首件工程的标杆示范和优胜劣汰作用,从源头保障了工程质量。

惠清项目开展过程中项目和总监办级的首件工作累计开展325余次,标段及工班组级首件数千次,有力保障了项目质量管理总体水平(图5-16)。

广东惠清高速公路有限公司文件

惠清司质〔2018〕21 号

关于重新开展首件工作的通知

汕湛高速惠清项目各总监办、各标段项目经理部、各中心试验室、各边坡咨询单位、各隧道监控量测单位、各桩基抽芯检测单位：

2018 年是汕湛高速惠清项目的“质量年”，是创建品质工程的关键一年。为确保本项目建设目标的实现，经我司研究决定，2018 年春节后，全线所有土建工程重新开展首件工作。现就相关要求通知如下：

一、各总监办应以标段为单位，结合工程进展，在和施工单位讨论的基础上，制定详细可行的首件工作具体计划，报惠清公司备案。

二、首件工作由总监办负责组织，根据需要邀请业主、各中心试验室、边坡咨询单位、桥梁监测单位、隧道监控量测单位、桩基检测等单位参加。其中首件方案的审查及首件总结需由惠清公司部门副经理相关人员参加。

三、首件认可验收程序

1、施工方案编制及审查

根据 17 年各分部工程质量控制状况，结合各级检查提出的整改要求和新质量评定标准要求，各总监办明确工艺标准，形成标准化的指导性施工方案，各承包人根据自身情况完善修改。施工方案总体要求按品质工程标准，鼓励使用四新技术，18 年双优竞赛评比重点考虑四新技术确保品质的因素。

广东惠清高速公路有限公司文件

惠清司质〔2018〕31 号

惠清公司关于节后重新开展首件工程落实要点的通知

汕湛高速惠清高速 TJ1-TJ18 标、J1-J4 总监办、JC1-JC3 中心试验室：

为进一步落实惠清项目创建品质工程相关要求，提升全员工程质量意识，全面贯彻 2018 年“品质年、平安年、示范年”的工作部署，根据上级单位及惠清公司相关会议精神和要求，将 2018 年 3 月份作为惠清项目本年度“首件月”，即在原有首件基础上，结合上一年度施工经验以及存在质量通病，提出对策，重点督促整改及落实，以优秀的首件开头，持续带动后续高质量、高品质、高效率施工。

惠清公司联合 J1 总监办梳理首件指导性施工要点及相关工艺、机械设备要求，详见附件。请各标段、各总监办、各中心试验室按照附件要求，积极开展节后重新首件工作，落实相关要点、工艺、设备要求，施工过程中若有建议及时与我司质量管理部联系。

特此通知。

附件：1. 首件施工要点、及工艺要求
　　　2. 首件施工配备的设备要求

图　5-16

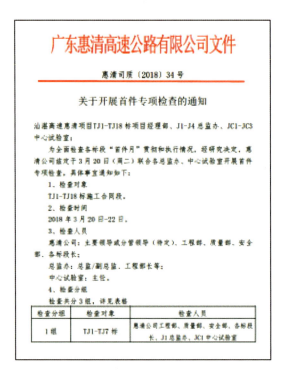

图 5-16　惠清项目首件认可制部分管理文件

5.7.6　推行从现场抓起的质量通病治理策略

在临建施工阶段,惠清项目组织各监理、检测和施工单位开展了质量通病的技术专题会议,为实现全寿命周期最优的目标,对路基、路面、桥梁和隧道施工中存在的主要质量问题和防控措施进行汇编,形成《惠清项目工程质量通病防治手册》(以下简称《手册》)。《手册》定位为一本查阅快捷、图文并茂、使用方便、实用的施工手册,内容共分为路基部分、路面部分、桥梁部分和隧道部分,可作为现场施工准备,编写施工方案,进行技术交底使用,也可以作为防治质量通病、制定安全技术措施之用。《手册》突出管理重点,力图从规范化、精细化施工角度减少甚至消灭各质量通病,提高高速公路耐久性和安全性。《手册》分为路基、桥梁、隧道、路面四个篇章,共编写了 97 种常见质量问题,每种病害以图表形式,从现象、原因分析、预防措施、工序控制四个方面展开,图片形象具体,便于对照区分,原因分析用语相对直白易懂。《手册》印制后,在广大工程建设者中掀起了学习使用的热潮,出现了一书难求的局面(图 5-17)。

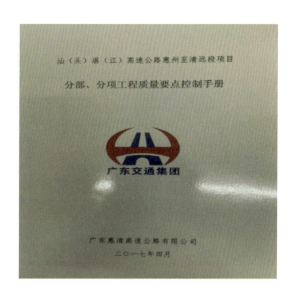

图 5-17 惠清项目编制的分部分项控制手册和质量通病防治手册

此外,就易发生质量通病的项目,如钢筋制作安装、隧道和桥梁,开展"惠清精度""隧道通病""桥隧安全质量专项整治活动""百日攻坚"等专项整治活动,促进质量通病治理。

5.7.7　工序控制和隐蔽工程管理

实行工序要点控制法,编制《分部分项工程工序要点控制手册》,对路基、路面、桥梁、隧道工程共76类分部分项工程、364道次工序控制要求，以流程图加注释可视化的方式进行编制，并将工序控制要点和要求细化分解到具体岗位，狠抓关键工序检查验收，部分关键工序业主参与验收（图5-18）。

a)路基台阶开挖

b)路基冲击碾压

c)涵洞回填液压补强

d)涵洞台背回填层厚控制刻度线

e)边坡防护刻槽深度

f)排水沟模板加固

图 5-18

g)环刀法破桩头

h)墩柱钢筋保护层控制

i)涂刷乳性脱膜剂

j)台帽钢筋安装

k)箱梁胎架钢筋绑扎

l)湿接缝塑料刚模

图 5-18

m)桥面调平层四辐轴整幅施工

n)二氧化碳保护焊

o)光面爆破效果

图 5-18 推行工序要点控制法管理的部分成果

全面管控隐蔽工程质量，编制了《隐蔽工程补充管理办法》(图 5-19)，明确隐蔽工程质量控制要点，要求监理建立台账，实行全覆盖、全过程跟踪管理，业主加强过程中巡查和抽查。

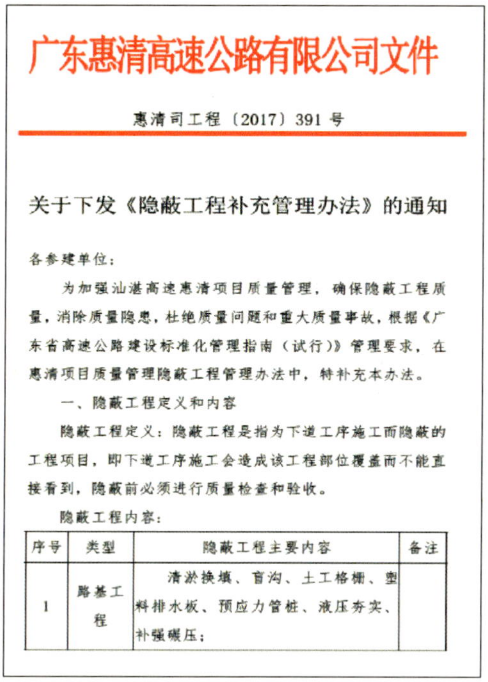

广东惠清高速公路有限公司文件

惠清司工程〔2017〕391 号

关于下发《隐蔽工程补充管理办法》的通知

各参建单位：

为加强汕湛高速惠清项目质量管理，确保隐蔽工程质量，消除质量隐患，杜绝质量问题和重大质量事故，根据《广东省高速公路建设标准化管理指南（试行）》管理要求，在惠清项目质量管理隐蔽工程管理办法中，特补充本办法。

一、隐蔽工程定义和内容

隐蔽工程定义：隐蔽工程是指为下道工序施工而隐蔽的工程项目，即下道工序施工会造成该工程部位覆盖而不能直接看到，隐蔽前必须进行质量检查和验收。

隐蔽工程内容：

序号	类型	隐蔽工程主要内容	备注
1	路基工程	清淤换填、盲沟、土工格栅、塑料排水板、预应力管桩、液压夯实、补强碾压；	

图 5-19　编制印发《隐蔽工程补充管理办法》

5.7.8　创新开展质量竞赛

惠清项目策划实施了多种多样的质量竞赛活动。

5.7.8.1　微创新

惠清项目重视科技先导作用，积极应用“四新”成果提高生产力和工作效率，鼓励和推广应用以提高效率、降低成本、提升工程品质、保证生产安全及低碳环保等为目标的“微创新”技术，并向行业和市场输出可复制可推广的优秀“微创新”技术成果，促进行业发展。自工程开工以来，各参建单位和个人先后申报了一百余项“微创新”技术成果。组织专家进行评审后，对其中三十多项在项目范围内进行了推广应用并予以表彰奖励，并在推荐参加中国公路学会组织的全国首届微创新大赛，所推荐的

"微创新"技术在109个获奖"微创新"技术中共获得了1金6银4铜共11个奖项的好成绩。经过遴选的微创新结集成册出版发行《微创新助力品质工程创建——广东惠清高速公路实践案例》(图5-20)。

图5-20 惠清项目开展微创新活动文件及成果

5.7.8.2 质量主题活动

在双优竞赛范围内,开展内容丰富形式多样的质量活动,如"五赛五比""质量年""首件月""惠清精度""桥隧工程百日攻坚""隧道专项""微创新比武"等(图5-21)。依托形式多样,内容与生产紧密结合的质量主题活动的开展,在项目内营造了一种争先恐后的质量氛围,培养了一批肯钻研肯吃苦的一线年轻技术干部和管理人员,挖掘了一批技艺精湛的工匠班组,进而使得项目质量通病明显减少,质量指标获得显著提升。

图5-21 惠清精度、桥隧百日攻坚、首件月等质量活动文件

5.7.8.3 工匠班组评选

惠清项目通过首件制的实施,一方面淘汰不满足标准的工班组,另一方面想方设法鼓励能够达标的工班组钻研技艺,精益求精,完成更好的工程作品。惠清项目在广东省首次开展了"工匠班组"评选活动,对获奖的工班组,将班组长和成员的姓名、身份证号纳入证书,授予"惠清工匠"荣誉称号,颁发加盖建设单位公章的实体证书,并依照奖励固定,直接将奖金发放到工班组,极大地激发了各工班组精工细作的工作热情。惠清项目评选工匠班组本着宁缺毋滥的原则,排除硬件投入、工期安排和外部配合的因素,仅对公认具备高超技艺的工班组进行考核和评比。防止项目工匠班组评选扰乱市场秩序,同时也愿意为真正的工匠班组在惠清的业绩提供真实可信的业绩证明。

5.7.8.4 优质优价、优监优酬

在监理人和承包人投标报价外设置优质优价工程价款,比例为2.5%。该笔奖金制定专项考核评比办法,主要考核评比依据为第三方中心试验室出具的工程实体、原材料的客观检测数据。奖金根据工程各个阶段具体工作内容和质量标准,在临建、标杆工程、质量通病防治、品质工程、创新、管理人员及工班组等方面进行了划分。在项目内树立了用数据说话、凭实力拿奖金的质量竞赛氛围(图 5-22)。

图 5-22

广东惠清高速公路有限公司文件

惠清司质〔2018〕194号

关于印发《汕湛高速惠清项目桥梁隧道工程质量安全百天专项整治行动实施方案》的通知

汕湛高速惠清项目各参建单位：

为切实加强汕湛高速惠清项目桥梁隧道工程质量安全管理，我司制定了《汕湛高速惠清项目桥梁隧道工程质量安全百天专项整治行动实施方案》，现予以印发，请各单位严格遵照执行，具体如下：

（一）百天专项整治行动领导机构

1. 惠清公司成立汕湛高速惠清项目桥梁隧道工程质量安全百天专项整治工作领导小组，负责专项整治行动的组织、实施、过程检查和督导工作。具体如下：

组 长：吕大伟

副组长：赵明、王玉文

组 员：刘家明、吕明敏、刘韶新、黄进锋、顾小虎、王超、潘少兵、危春根、王撤龙、张永明、李欧荣、黄飞新

整治工作领导小组下设质量工作小组（办公室设在质量管理部）和安全生产工作小组（办公室设在安全生产部），具体如下：

质量工作组 组 长：赵明

副组长：刘家明、吕明敏、黄进锋、王超、顾小虎

组 员：潘少兵、危春根、王撤龙、张永明、黄飞新。

广东惠清高速公路有限公司文件

惠清司质〔2018〕44号

关于优化双优竞赛管理办法的通知

汕湛高速惠清项目J1~J4总监办、TJ1~TJ18标项目经理部，JC1~JC3中心试验室：

为贯彻落实《中华全国总工会2016-2020年劳动和技能竞赛规定》《交通运输部关于打造公路水运品质工程的指导意见》（交安监发〔2016〕216号），省交通运输厅《关于广东省高速公路建设管理提升年行动纲要》（粤交基〔2010〕446号）、《广东省交通运输厅关于开展高速公路建设劳动竞赛问题的意见》（粤交基函〔2013〕2354号）、《广东省交通运输厅关于印发广东省创建公路水运品质工程活动方案的通知》（粤交基〔2017〕258号）、《广东省交通集团关于创建公路水运品质工程活动方案的通知》（粤交集基〔2017〕203号）、《广东省高速公路工程优质优价和施工监理优监优酬实施意见的通知》（粤交基〔2010〕1893号）以及省高速公路建设双标管理规定等文件精神，全面推行"双标管理"，以"安全年、品质年、示范年"活动为契机，力争将惠清项目打造成为样杆工程、品质工程。我司于2018年3月12日印发了《关于修订双优竞赛实体工程质量评比部分内容的通知》（惠清司质〔2018〕30号），该文件对"实体工程质量评比奖励（0.9%）"条款进行了优化调整。

通过调研省内其他项目成熟管理经验，结合本项目现场实施的实

图5-22 惠清项目双优竞赛管理办法

第 6 章 惠清项目质量管理方法创新

6.1 惠清项目创新性引入"四全"TQM 质量管理体系

6.1.1 理论基础

惠清项目借鉴全面质量管理(TQM)的现代工程管理理论,以 PDCA 循环为质量管理的基本方法,结合高速公路建设特点,创建并打造惠清的全员、全过程、全覆盖、全方位的 TQM 全面质量管理体系。

6.1.2 概念

根据《惠清项目质量管理策划方案》识别的质量影响因素、措施和质量管理目标,基于管理人员配置、管理成本控制等资源限制,建立与目标、质量要素、措施相适应的质量管理体系,依靠全员动员,科学的理论、程序、方法和措施,要素的全覆盖、全方位管理,使得质量全过程受控,最终实现预定的质量管理目标。

6.1.3 内涵

6.1.3.1 全员参与

惠清项目全员参与的内涵是:

(1)通过全面落实质量责任制,建立涵盖全体参建单位的全面质量管理责任网络,落实全员质量责任;

(2)通过全员动员,从各个维度查明质量影响因素,并利用PDCA循环方法,不断提升质量管理水平。

6.1.3.2 全过程

惠清项目全过程管理的内涵是确定管理的长度,即:

(1)建设项目在时间维度上从投资决策到竣工投产的全过程。

(2)工程实体在时间维度上从无到有的全过程。

6.1.3.3 全覆盖

惠清项目全覆盖管理的内涵是确定管理的宽度,即:

(1)管理范围覆盖全部关键指标检测。

(2)管理范围覆盖全部关键工序验收。

(3)管理范围覆盖工班组首件工程验收。

6.1.3.4 全方位

惠清项目全方位管理的内涵是在全员、全过程、全覆盖的基础上,结合全面质量管理体系建设要求和惠清项目质量管理特点,对质量管理要素进行丰富、拓展和完善,主要是:

(1)将管理的内涵从全员参与的"人"扩展至人、机、料、法、环质量管理五要素;

(2)在全过程管理确定的建设项目各阶段相应质量管理重难点的基础上,将全过程管理确定的重点任务分解、细化,与全员参与的职责分工融合,并建立与之相适应的配套质量管理体制机制;

(3)明确全覆盖管理的关键指标标准、工序验收标准和首件验收标准;

(4)确立建设项目质量建设总体目标和分项目标,并综合目标实现难易程度建立项目监督考核激励机制;

(5)确定建设项目质量管理的指导思想、管理目标、管理理念。

6.1.4 配套制度建设

惠清项目以"惠清项目质量管理策划"确定的思路、指导思想、方针、目标、全面质量管理TQM体系和质量管理措施为基础,建立与之相适应的配套项目管理制度体系。

惠清项目质量制度建设总体具有以下特点:一个"策划"先行、五方"制度"(业主、设计、监理、检测、施工)配套、三个"层次"(首件、过程、事后)覆盖、四个"统一"(质量标准、设备、工艺、工法)保障。

6.1.5 配套"四法"工作法

为有效落实全面质量管理体系,惠清项目实行"四法"工作法:台账法、清单法、一线工作法、挂牌督办法。

6.2 四新技术(微创新)促进品质管理落地见效

6.2.1 倡导工匠精神,探索微创新激励机制

惠清项目高度重视技术创新管理创新和微创新,将微创新个人、团队、技术和工程实体纳入竞赛激励,使得个人、劳动者和参建单位均能从中获益。对先进集体、先进个人、先进工班组颁发奖励证书和奖金,激发了上至高级管理人员下至广大劳动者的创新热情。

惠清项目鼓励原创微创新,对在本项目首创、率先引进、成功应用微创新的活动均纳入评比并分级奖励,重奖首创。通过这一激励机制,惠清TJ13标首创提出了地面滚轴+焊接机器人的钢筋笼滚轮机代替钢筋笼滚焊机的微创新,在设备投入节约、工效和质量提升方面取得了实效,获得惠清公司微创新首创奖励,并推荐至广东省交通运输厅、中国公路学会等单位。该微创新现已在省内多个项目使用。

6.2.2 惠清项目微创新的成果

惠清项目开工以来,先后涌现出大大小小的微创新 100 多项,其中 30 多项更是首创性微创新。惠清公司选送推荐的部分微创新在中国公路学会组织的全国首届微创新大赛中获得 1 金 6 银 4 铜的优异成绩。相关成果惠清公司集合出版了《微创新助力品质工程创建——广东惠清高速公路实践案例》。

6.3 两区三场、作业现场创新性导入 6S 管理体系

6S 即整理(SEIRI)、整顿(SEITON)、清扫(SEISO)、清洁(SEIKETSU)、素养(SHITSUKE)、安全(SECURITY)。根据 6S 管理的内涵,结合高速公路建设工地常见的脏乱差等环境问题、乱拉电线等安全问题、随意抛撒垃圾等不文明行为、物资材料乱堆乱放的无序管理等问题,惠清项目在高速公路建设中首次将 6S 管理体系引进,以求转变施工现场管理水平,以期通过 6S 管理"标准通过不断执行成为个人、团队乃至整个项目的习惯,团队力量最大化"的精髓,实现项目管理的提升。

6.3.1 6S 管理体系实施、执行效果评价

惠清项目将 6S 管理体系纳入招标文件和施工标准化管理文件,强化了 6S 管理的约束力。并将 6S 管理体系结合项目环境保护、文明施工、临建设施标准化管理等要求有机整合。

6.3.2 继承式创新,探索 7S 管理新方法

建设项目因施工管理的原因,往往造成许多无谓的浪费。浪费一方面体现在如砂石料、钢筋头、水泥的施工损耗,另一方面也隐藏在施工组织不善导致的材料无法按计划周转、机械设备窝工等、混凝土强度过高。往往许多施工单位在最终结算时发现损耗的钢筋、水泥、油料、电费远超出预期,所涉及的金额非常可观。

惠清公司因此在6S管理体系的基础上，增加了节约（SAVE）的要求，并在钢筋、水泥、钢绞线等大宗物资对账时，对各单位材料使用及损耗情况进行统计分析和预警，力求通过7S的管理，促进承包人提高管理水平，向管理要效益，千方百计杜绝无谓的浪费。

6.4 管理创新，建立"四统一"标准

为了尽可能地消除各参建单位在设备、工艺和工法等方面资源投入和质量标准、管理水平的差异，以及由此导致的质量差异，根据"木桶效应"，惠清项目实行"质量标准、设备、工艺、工法"四个统一管理，以求通过消除差异的方式提升短板，进而提升项目总体质量管理水平。

6.4.1 质量标准统一

6.4.1.1 工程质量强制性标准

惠清项目编写《工程质量强制性标准》，作为招标文件附件一并发售，要求承包人必须遵守。该文件将惠清项目对隧道多少个工作面、特大桥投入多少套挂篮及其类型、架桥机类型及其数量、大型临时设施座数及产能要求、路面前后场配置要求等项目建设质量方面的核心要求进行了明确。

交通安全设施工程招标时在招标文件中编写相关品质工程管理办法和关键指标要求，并纳入招标文件附件一并发售。

6.4.1.2 四级质量目标

根据创建品质工程总目标确定四级质量目标体系，在土建、路面、绿化、交通安全设施、机电工程、房建附属工程等方面分别印发了工程实体、原材料的质量目标指标以及红线指标。

6.4.2　设备要求统一

在招标文件中将钢筋棚设备、拌和站设备、隧道施工装备、悬浇桥梁挂篮要求、架桥机要求、预制梁场设备、路面设备等关键设备配置要求进行了明确。鼓励引进先进设备,并建立先进设备引进使用激励机制。

6.4.3　工艺标准统一

惠清项目根据工班组首件验收和微创新活动产生的成果,先后编制印发了惠清项目工艺标准30余项,力求推广实用性强、取得实效的成熟工艺和先进工艺。鼓励采用熟练掌握质量稳定的标准化工艺。

6.4.4　工法要求统一

惠清项目重点围绕新材料、新结构、新工艺的要求,结合项目较高的质量标准,鼓励参建单位总结编写形成惠清的工法。惠清项目南昆山隧道二次衬砌混凝土使用自流平自密实混凝土、隧道涂料使用蓄能发光材料,先后形成了新的工法。路面施工单位在广东省首次进行SMA10这一新型路面材料施工,也总结归纳形成了一套相应工法。

通过四项统一管理的推行,基本实现了本项目以设备保工艺、以工艺保质量、以细节保品质的管理思路。以往建设项目参建单位两极分化的情况在惠清项目得到了改善,在大多数工程实体指标的管控方面,各参建单位均达到了较高的水平。

6.5　创新管理方法,实行"四法"工作法

为有效落实全面质量管理体系,惠清项目实行"四法"工作法。

6.5.1　问题台账法

所有质量问题形成台账,逐条核查整改,闭合管理。

6.5.2 目标清单法

质量标准、工序检验要点列入清单,依照清单开展工作,确保检查无死角,执行无偏差。

6.5.3 一线工作法

提倡在工程一线发现问题,分析问题和解决问题。

6.5.4 挂牌督办法

重大质量问题实行挂牌督办,提升督导层级,强化整改力度。

6.6 建立四项预审预控制度

实行"人员上岗、方案工艺、材料质量、设备进场"四项预审制,实现以设备保工艺、以工艺保质量、以细节保品质的质量管理思路。

6.6.1 资历能力预审

实行考核试用上岗(一般人员)和答辩试用(主要管理人员)制度。

6.6.2 设备机械预审

实行准入、标准化和奖励激励混合管理制度(图6-1)。对模板、台车、甲控材料、重型压路机、冲击压路机、液压夯、智能张拉压浆等设备实行准入管理。对平地机、湿喷机、二次衬砌养护台车、大吨位洒水车、小型预制件模具等纳入招标文件强制性进行标准化管理。对架桥机、桥梁悬浇挂篮、门式起重机、路面摊铺机、碎石和机制砂加工设备等重要施工设备实行预审,起运前建设单位组织设计、监理预先验收,不满足标准的设备不得进场。

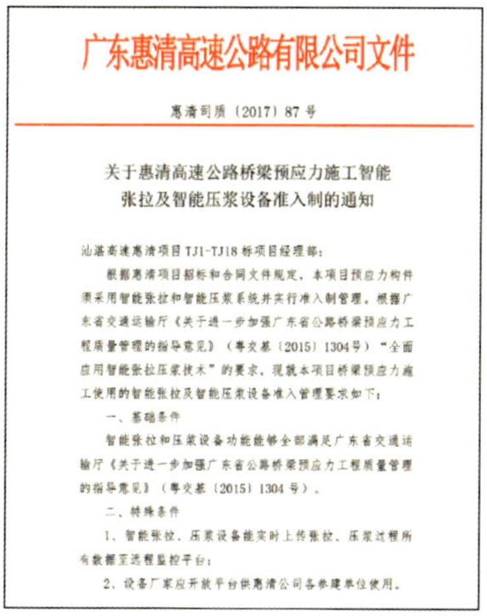

广东惠清高速公路有限公司文件

惠清司质〔2017〕87 号

关于惠清高速公路桥梁预应力施工智能张拉及智能压浆设备准入制的通知

汕湛高速惠清项目 TJ1-TJ18 标项目经理部：

根据惠清项目招标和合同文件规定，本项目预应力构件须采用智能张拉和智能压浆系统并实行准入制管理。根据广东省交通运输厅《关于进一步加强广东省公路桥梁预应力工程质量管理的指导意见》（粤交基〔2015〕1304号）“全面应用智能张拉压浆技术”的要求，现就本项目桥梁预应力施工使用的智能张拉及智能压浆设备准入管理要求如下：

一、基础条件

智能张拉和压浆设备功能能够全部满足广东省交通运输厅《关于进一步加强广东省公路桥梁预应力工程质量管理的指导意见》（粤交基〔2015〕1304 号）。

二、特殊条件

1、智能张拉、压浆设备能实时上传张拉、压浆过程所有数据至远程监控平台；

2、设备厂家应开放平台供惠清公司各参建单位使用。

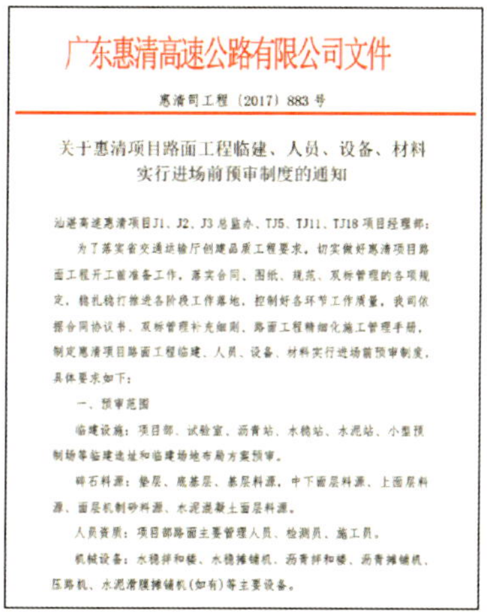

广东惠清高速公路有限公司文件

惠清司工程〔2017〕883 号

关于惠清项目路面工程临建、人员、设备、材料实行进场前预审制度的通知

汕湛高速惠清项目J1、J2、J3 总监办、TJ5、TJ11、TJ18 项目经理部：

为了落实省交通运输厅创建品质工程要求，切实做好惠清项目路面工程开工前准备工作，落实合同、图纸、规范、双标管理的各项规定，稳扎稳打推进各阶段工作落地，控制好各环节工作质量，我司依据合同协议书、双标管理补充细则、路面工程精细化施工管理手册，制定惠清项目路面工程临建、人员、设备、材料实行进场前预审制度，具体要求如下：

一、预审范围

临建设施：项目部、试验室、沥青站、水稳站、水泥站、小型预制场等临建选址和临建场地布局方案预审。

碎石料源：垫层、底基层、基层料源，中下面层料源、上面层料源、面层机制砂料源、水泥混凝土面层料源。

人员资质：项目部路面主要管理人员、检测员、施工员。

机械设备：水稳拌和楼、水稳摊铺机、沥青拌和楼、沥青摊铺机、压路机、水泥滑模摊铺机(如有)等主要设备。

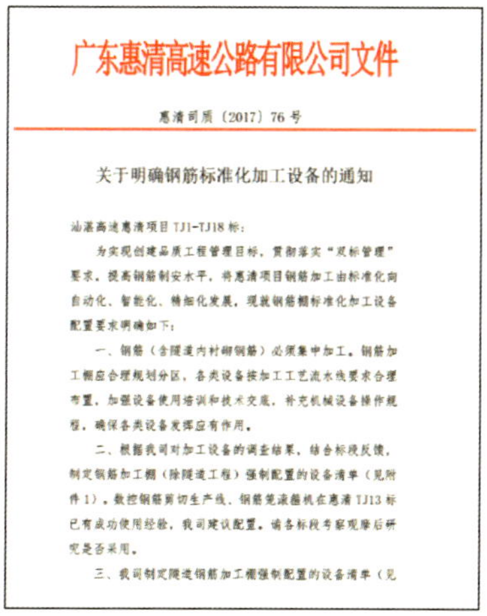

广东惠清高速公路有限公司文件

惠清司质〔2017〕76 号

关于明确钢筋标准化加工设备的通知

汕湛高速惠清项目 TJ1-TJ18 标：

为实现创建品质工程管理目标，贯彻落实“双标管理”要求，提高钢筋制安水平，将惠清项目钢筋加工由标准化向自动化、智能化、精细化发展，现就钢筋棚标准化加工设备配置要求明确如下：

一、钢筋（含隧道内衬砌钢筋）必须集中加工。钢筋加工棚应合理规划分区，各类设备按加工工艺流水线要求合理布置，加强设备使用培训和技术交底，补充机械设备操作规程，确保各类设备发挥应有作用。

二、根据我司对加工设备的调查结果，结合标段反馈，制定钢筋加工棚（除隧道工程）强制配置的设备清单（见附件 1）。数控钢筋剪切生产线、钢筋笼滚焊机在惠清 TJ13 标已有成功使用经验，我司建议配置。请各标段考察观摩后研究是否采用。

三、我司制定隧道钢筋加工棚强制配置的设备清单（见

图 6-1　惠清项目设备准入、进场预审、标准化管理系列办法

对未纳入招标文件的先进机械设备,实行按台(套)奖励机制,鼓励承包人投入先进设备,提升效率,保障安全。

6.6.3 材料指标参数预审

实行甲控材准入、产品质量缺陷强行退出、自产地材质量缺陷强制停产、外购地材联合审验及质量缺陷停用、钢筋钢绞线按批次全覆盖抽检、水泥进场测温和试拌、路面石场预审、砂石料跨总监办交叉审核、台账化管理、盲样盲送随机外委十项管理制度。对土建工程用反击破碎石和河沙、路面工程、交通安全设施工程、机电工程重要外购原材料实行预审,不满足标准的不得签订采购合同。

6.6.4 方案工艺工法预审

惠清项目将历年来经实践验证的先进工艺工法汇总、筛选、整理,编制工程质量强制性标准并纳入招标文件强制执行;施工期间产生的创新性的工艺工法编制方案审核批准后实施,具备实效的总结完善后推广使用;不断总结和完善,形成工艺工法标准化文件指导施工。工艺工法与试验检测相结合,用数据指导施工。重要方案工艺结合机械设备强制性标准进行标准化管理;临建设施在部、省双标管理相关规定的基础上,结合惠清项目特点编制惠清项目双标管理实施细则并纳入招标文件,对临建设施的设备配置及生产工艺进行规定。引进6S管理规定,从临边防护、模板支撑、便道、临时排水、原材料摆放、标识标牌、垃圾处理、文明施工、环境保护等方面进行标准化管理。实行标准化管理。

6.7 强化事前控制,建立四项首件制度

6.7.1 建立实施四项首件制度

针对施工一线工人水平良莠不齐、流动性大等实际情况,实行"开工首件、不同班组进场首件、新班组首件、质量波动重新首件"四项首件制度。

6.7.2 建立首件工程验收标准

为加强首件验收的针对性,力求取得实效,避免走过场,惠清项目对纳入验收的首件工程编制了验收要点,要求首件工程从申请到验收资料单独归档成册,并对其内容、指标作了详细具体的规定。

6.7.3 建立重点分项62类首件全覆盖

根据惠清项目施工的主要内容和质量控制重难点,惠清项目对62类分部分项工程实施首件验收。

6.7.4 建立首件验收四级管控要求

由于惠清项目路线较长,首件验收管理工作压力较大。惠清项目将首件验收划分为四级,即项目级、总监办级、标段级、工班组四级。各级首件分别由惠清公司、总监办、驻地监理组、标段项目经理部分别组织。通过在各总监办、各施工标段、各工班组组织首件验收查摆差距,营造双优竞赛氛围,激励各单位改进管理和工艺水平,提高质量。

6.7.5 建立工班组级首件准入标准

通过首件制对进场工班组施工水平验证的基础上,择优选取首件工程并将其确立为项目层面的质量标准,同时根据工班组进场首件验收情况,对工班组实行优胜劣汰。

惠清项目建设过程中项目和总监办级的首件工作累计开展325余次,标段及工班组级首件数千次,有力保障了项目质量管理总体水平。

6.8 主材质量管理创新

6.8.1 水泥质量管理

水泥质量管理进场测温、试拌、留样制度,跟踪水泥强度波动及水泥与外加剂的兼容性。

6.8.2 钢筋钢绞线质量管理

钢筋钢绞线质量管理实行现场联合验收制度和按批次全覆盖的抽检制度。建设单位、监理、施工单位和材料供应商四方代表组成钢材联合验收小组，在现场核对材料出场质量资料和运输车辆轨迹，对钢筋外观质量进行核查，并现场抽取样品对施工单位自检进行旁站。

6.8.3 沥青质量管理

编制沥青管理办法，针对采用船运进口基质沥青，本地改性后供应工地的广东实际情况，成立沥青质量管理专门组织机构进行专职管理(图 6-2)，主要管理内容如下：

建设、监理、检测单位抽调专职工作人员进驻改性沥青加工场，对项目用基质沥青和改性成品沥青实行专库管理，避免不同品牌、不同来源基质沥青、不同指标要求改性沥青混存混用。

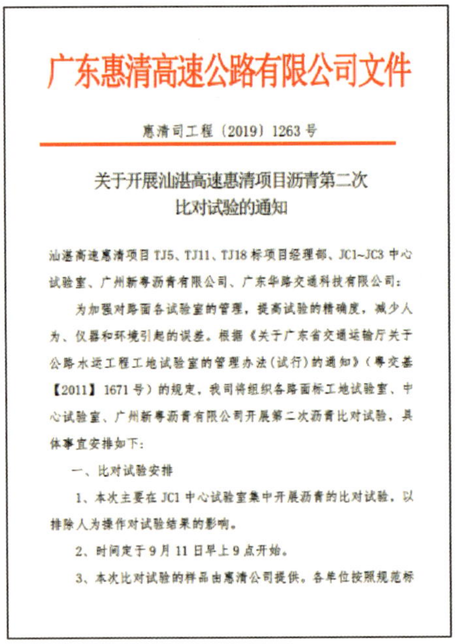

广东惠清高速公路有限公司文件

惠清司工程〔2019〕1263 号

关于开展汕湛高速惠清项目沥青第二次比对试验的通知

汕湛高速惠清项目 TJ5、TJ11、TJ18 标项目经理部、JC1~JC3 中心试验室、广州新粤沥青有限公司、广东华路交通科技有限公司：

为加强对路面各试验室的管理，提高试验的精确度，减少人为、仪器和环境引起的误差。根据《关于广东省交通运输厅关于公路水运工程工地试验室的管理办法(试行)的通知》(粤交基【2011】1671 号)的规定，我司将组织各路面标工地试验室、中心试验室、广州新粤沥青有限公司开展第二次沥青比对试验，具体事宜安排如下：

一、比对试验安排

1、本次主要在 JC1 中心试验室集中开展沥青的比对试验，以排除人为操作对试验结果的影响。

2、时间定于 9 月 11 日早上 9 点开始。

3、本次比对试验的样品由惠清公司提供。各单位按照规范标

图 6-2

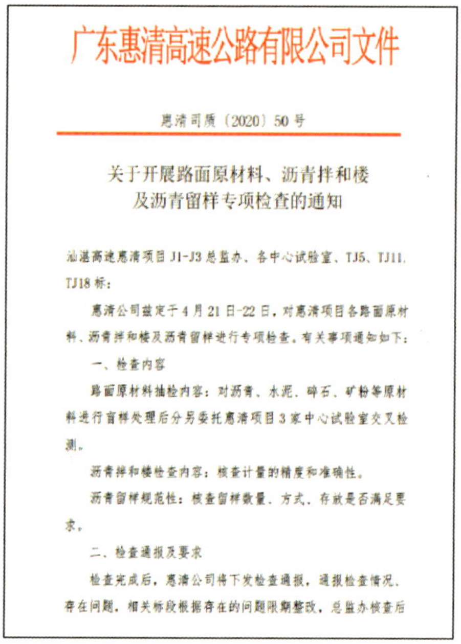

广东惠清高速公路有限公司文件

惠清司质〔2020〕50号

关于开展路面原材料、沥青拌和楼
及沥青留样专项检查的通知

汕湛高速惠清项目J1-J3总监办、各中心试验室、TJ5、TJ11、TJ18标：

惠清公司兹定于4月21日-22日，对惠清项目各路面原材料、沥青拌和楼及沥青留样进行专项检查，有关事项通知如下：

一、检查内容

路面原材料抽检内容：对沥青、水泥、碎石、矿粉等原材料进行盲样处理后分另委托惠清项目3家中心试验室交叉检测。

沥青拌和楼检查内容：核查计量的精度和准确性。

沥青留样规范性：核查留样数量、方式、存放是否满足要求。

二、检查通报及要求

检查完成后，惠清公司将下发检查通报，通报检查情况、存在问题，相关标段根据存在的问题限期整改，总监办核查后

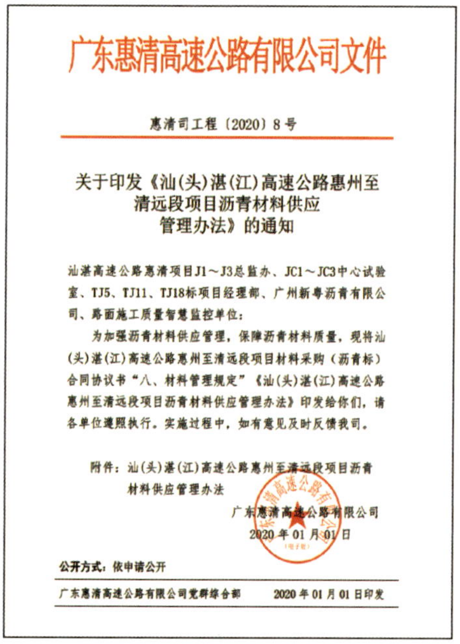

广东惠清高速公路有限公司文件

惠清司工程〔2020〕8号

关于印发《汕(头)湛(江)高速公路惠州至
清远段项目沥青材料供应
管理办法》的通知

汕湛高速公路惠清项目J1～J3总监办、JC1～JC3中心试验室、TJ5、TJ11、TJ18标项目经理部、广州新粤沥青有限公司、路面施工质量智慧监控单位：

为加强沥青材料供应管理，保障沥青材料质量，现将汕(头)湛(江)高速公路惠州至清远段项目材料采购（沥青标）合同协议书"八、材料管理规定"《汕(头)湛(江)高速公路惠州至清远段项目沥青材料供应管理办法》印发给你们，请各单位遵照执行。实施过程中，如有意见及时反馈我司。

附件：汕(头)湛(江)高速公路惠州至清远段项目沥青材料供应管理办法

广东惠清高速公路有限公司
2020年01月01日

公开方式：依申请公开

广东惠清高速公路有限公司党群综合部　　2020年01月01日印发

图6-2　惠清项目路面材料质量管理相关文件

驻场人员负责验收到岸基质沥青相关文件，旁站出入库过程并取样检测；对改性沥青进出库进行管理；对发往项目的沥青实行唯一编号铅封和GPS轨迹监控管理，防止运输过程中出现差错。

运至现场的沥青由监理、检测、路面咨询、施工单位组织四方联合验收小组,现场取样检测主要指标合格后方可打入拌和站沥青罐。引进先进检测技术,对改性沥青SBS含量进行检测,并将改性沥青SBS含量检测纳入合同作为质量判定依据之一。图 6-3 为惠清项目路面工程应用的信息化管理系统。

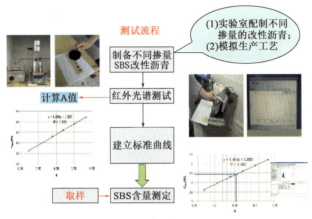

a) 沥青"指纹识别"

b) 拌和站"一体化"监控系统

c) 沥青前场(摊铺现场)

图 6-3　惠清项目路面工程应用的信息化管理系统

6.9 砂石料、辅助材料质量管理

6.9.1 质量缺陷强制停产机制

对项目自建的碎石加工厂实行自产地材质量缺陷质量波动强制停产机制。

6.9.2 质量缺陷停用机制

对外购的地材实行联合审验及质量缺陷停用机制:业主、监理、检测、施工单位四方联合对生产厂家进行实地考察,对质量存在缺陷的厂家全线停用。

6.9.3 路面工程集料料源预审制度

对路面工程用地材厂家实行预审制度,在监理单位审批前,建设单位组织监理、检测、路面施工单位、路面咨询单位对石场进行实地考察并取样送检,满足要求方同意签订采购合同,并纳入质量缺陷停用机制管理。

6.9.4 监理、检测单位交叉核验机制

对已批复同意的砂石料供应厂家由建设单位定期组织,跨总监办和检测单位管理范围实行现场交叉核验。

6.9.5 特种原材料准入管理

对支座、伸缩装置、防水板、土工布等七种重要原材料,根据各厂家在广东省高速公路市场历次抽检质量情况和高速公路营运阶段养护维修情况,综合企业实力、市场表现、质量检测及养护维修情况,建立白名单和黑名单,实行准入和禁入管理。

惠清项目对外购各类特殊原材料实行白名单和黑名单制度。以近5年交通运输部、广东省交通运输厅发布的行业抽检结果为基础,结合各品牌原材料在广东省高速公路市场质量情况,作为产品准入的先决条件。另根据生产能力、银行资信、厂家质

量保证体系运行情况、质量承诺等情况确定白名单。

对于已通过准入审查进场惠清项目的品牌,实行黑名单制度:项目内部抽检出现一次不合格情况的,不合格批次清退出场,对该品牌予以书面警告;第二次出现不合格情况的,列入黑名单通报全体参建单位全线禁用,并抄报上级主管单位。

惠清项目要求各参建单位材料采购招标时应将惠清项目的黑名单相关条款纳入招标文件和合同文件,对于在招投标过程中,存在供应商投标的,要求提供生产厂家授权书。有效解决了低价中标、冒牌或贴牌、以次充好等扰乱建材市场秩序的行为。

该制度在惠清项目实行以来,共触发警告两次、黑名单一次,有效强化了原材料质量管理,在部、省和上级主管单位组织的各类抽检中取得了100%合格的良好效果。

6.9.6　原材料抽检的样品实行盲样盲送随机外委机制

对工地试验室或中心试验室不具备检测条件的原材料或指标,实行盲样盲送随机外委机制,在具有权威性的甲级检测机构中随机委托盲样检测。另对工地试验室或中心试验室具备检测条件的原材料或指标,也随机抽取部分样品外委检测,作为对本项目检测数据的复核和验证。

6.9.7　联合厂验制度

由于广东省交通安全设施工程原材料、机电工程设备供应商较少,大多需在省外采购。为做好此类原材料的质量控制,惠清项目联合监理、检测和施工单位,实行联合厂验制度。联合验收依照事先制定的厂验标准和程序,实地考察逐条确认,避免盲目确定材料供应商造成的质量管理死角。

6.10　隐蔽工程质量管理办法

惠清项目编制了《隐蔽工程管理办法》,对软基换填、台背回填、结构物基底、盲沟、隧道初期支护、桩基等隐蔽工程进行了明确定义,对隐蔽工程实行100%全覆盖验收,要求监理人员手持验收资料,在验收现场拍照留底,将隐蔽工程监管责任真正落实到人;对隐蔽工程建立台账跟踪管理,防止漏检;过程资料归档永久保存。

6.11 创新过程时序要点管理法

施工过程实施工序要点控制法,编制《分部分项工程工序要点控制手册》,对364道次工序分别提出了管理验收和技术要点的控制要求,并结合全员质量责任网络建设情况,将工序要点控制工作要求细化分解到具体分部分项工程、具体岗位和具体人员。

6.12 信息技术赋能质量管理

惠清项目推行"四全"TQM质量管理体系,从质量目标、质量标准、管理全方位全面覆盖,客观上质量管理的工作量急剧增加,与当前建设项目工程技术人员配置偏少"大监理小业主"的管理模式存在矛盾。

为解决这一问题,惠清项目高度重视提升管理能效的信息化手段的应用。在筹建阶段提出了建设一个集成十几个程序的信息管理平台(图6-4)作为后台的控制信息中心。根据管理需要,我们对该系统主要要求是:建立一个从时间上贯穿整个项目建设周期并兼顾营运期过渡需求、能够与上级单位各类管理无缝对接,从范围上覆盖所有主体工程标段的建设管理一体化平台;功能上要涵盖当前广东省工程管理的主流软件平台,并使用信息化、自动化、AI、无人机、建筑信息系统BIM+地理信息系统GIS、远程监控等先进手段,提升惠清项目管理能效。

目前该系统已部署在惠清高速公路管理中心的信息中心,可集成十几个程序,在实现常规功能正常使用的同时,创新增加了基于无人机技术的高速公路建设智能化管理及监测技术,远程监控项目进度、施工质量、施工安全模块。通过该模块,实现了工程进度远程可视化管理,高边坡、高墩、深基坑、架桥机、挂篮等人工巡查难以达到的工点实现了无人机巡查,对路基填筑宽度、填筑速率、边坡开挖宽度及坡度、桩基轴线偏位、立柱竖直度及柱间距、柱顶高程等常用质量数据实现了大面积、高精度自动化采集,极大地提升了质量管理的深度和广度。

a)拌和站数据采集系统

b)架桥机监控系统

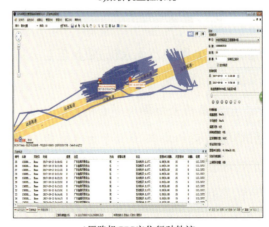

c)压路机GPS定位行驶轨迹

图6-4 惠清项目建管养一体化系统1.0版本集成的部分子系统

此外,惠清无人机系统还用于软基处理、基坑换填数量等敏感计量基础数据的测量复核,在计量支付方面也取得良好的收益。

这个管理平台,在保证项目建设的同时,工程技术管理人员也由原来同类项目的 200 人减少至 60 人,实现了减员增效。目前,该平台已迭代开发出 2.0 版本,已成功应用于国内多个项目。

6.13 前置性质量通病预防管理

编制了《工程质量通病防治手册》,图文并茂,便于文化程度不高的一线工人使用掌握;隐蔽工程质量方面编制了《隐蔽工程管理办法》,实行全覆盖全过程跟踪管理。

6.14 全断面质量检测评价及 PDCA 质量管理循环应用

工程实体实行全断面检测,参建各方联合全覆盖检测验收,对重要质量指标实行跟踪全覆盖检测。应用 PDCA 质量管理循环,要求检测形成日报及时反馈、周报动态分析、月度总结提升,以检测数据指导工程质量管理。

6.15 建立劳动竞赛正向反向激励办法

结合建设项目总体进度安排,开展多批次劳动竞赛。提前编印评比办法(图 6-5),设置质量、安全评比准入门槛,将 6S 管理、档案管理、绿色公路创建、科技示范等多项内容纳入劳动竞赛评比范围,转变以往片面追求进度和投资、降低质量等其他条件的做法。

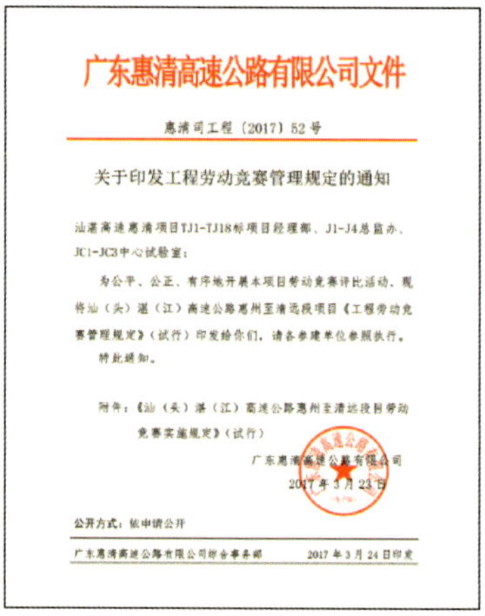

广东惠清高速公路有限公司文件

惠清司工程〔2017〕52号

关于印发工程劳动竞赛管理规定的通知

汕湛高速惠清项目TJ1-TJ18标项目经理部、J1-J4总监办、JC1-JC3中心试验室：

为公平、公正、有序地开展本项目劳动竞赛评比活动，现将汕（头）湛（江）高速公路惠州至清远段项目《工程劳动竞赛管理规定》（试行）印发给你们，请各参建单位参照执行。

特此通知。

附件：《汕（头）湛（江）高速公路惠州至清远段目劳动竞赛实施规定》（试行）

广东惠清高速公路有限公司

2017年3月23日

公开方式：依申请公开

广东惠清高速公路有限公司综合事务部　　2017年3月24日印发

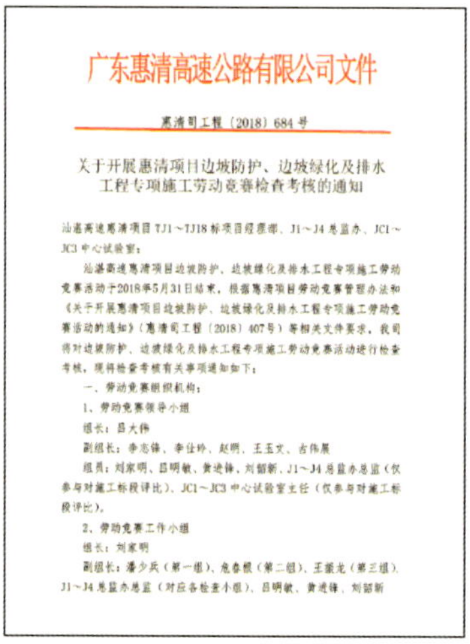

广东惠清高速公路有限公司文件

惠清司工程〔2018〕684号

关于开展惠清项目边坡防护、边坡绿化及排水工程专项施工劳动竞赛检查考核的通知

汕湛高速惠清项目TJ1～TJ18标项目经理部、J1～J4总监办、JC1～JC3中心试验室：

汕湛高速惠清项目边坡防护、边坡绿化及排水工程专项施工劳动竞赛活动于2018年5月31日结束，根据惠清项目劳动竞赛管理办法和《关于开展惠清项目边坡防护、边坡绿化及排水工程专项施工劳动竞赛活动的通知》（惠清司工程〔2018〕407号）等相关文件要求，我司将对边坡防护、边坡绿化及排水工程专项施工劳动竞赛活动进行检查考核，现将检查考核有关事项通知如下：

一、劳动竞赛组织机构：

1、劳动竞赛领导小组

组长：吕大伟

副组长：李志锋、李仕岭、赵明、王玉文、古伟展

组员：刘家明、吕明敏、黄进锋、刘韶新、J1～J4总监办总监（仅参与对施工标段评比）、JC1～JC3中心试验室主任（仅参与对施工标段评比）。

2、劳动竞赛工作小组

组长：刘家明

副组长：潘少兵（第一组）、危春根（第二组）、王振龙（第三组）、J1～J4总监办总监（对应各检查小组）、吕明敏、黄进锋、刘韶新

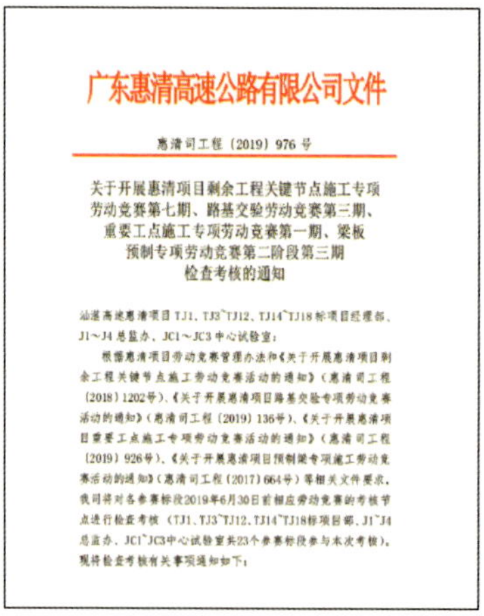

广东惠清高速公路有限公司文件

惠清司工程〔2019〕976号

关于开展惠清项目剩余工程关键节点施工专项劳动竞赛第七期、路基交验劳动竞赛第三期、重要工点施工专项劳动竞赛第一期、梁板预制专项劳动竞赛第二阶段第三期检查考核的通知

汕湛高速惠清项目TJ1、TJ3~TJ12、TJ14~TJ18标项目经理部、J1～J4总监办、JC1～JC3中心试验室：

根据惠清项目劳动竞赛管理办法和《关于开展惠清项目剩余工程关键节点施工劳动竞赛活动的通知》（惠清司工程〔2018〕1202号）、《关于开展惠清项目路基交验专项劳动竞赛活动的通知》（惠清司工程〔2019〕136号）、《关于开展惠清项目重要工点施工专项劳动竞赛活动的通知》（惠清司工程〔2019〕926号）、《关于开展惠清项目预制梁专项施工劳动竞赛活动的通知》（惠清司工程〔2017〕664号）等相关文件要求，我司将对各参赛标段2019年6月30日前相应劳动竞赛的考核节点进行检查考核（TJ1、TJ3~TJ12、TJ14~TJ18标项目部、J1~J4总监办、JC1~JC3中心试验室共23个参赛标段参与本次考核）。现将检查考核有关事项通知如下：

图6-5　惠清项目劳动竞赛系列评比办法

6.16 生产一线班组激励办法

双优竞赛在清单外单独计列,奖金发放以全断面检测客观数据和外观质量为依据,将工人、工班组纳入竞赛激励,累计奖励 2200 余人次,充分激发了一线工人的劳动热情;将微创新、微改进纳入竞赛激励,奖励了首创性微创新 30 多项;鼓励先进机械设备,先后引入了 360 余台(套)先进机械设备。

6.17 发扬践行工匠精神

党的十八大以来,习近平总书记多次强调要弘扬工匠精神。党的十九大报告提出"弘扬劳模精神和工匠精神"。党的十九届四中全会《决定》提出"弘扬科学精神和工匠精神"。惠清项目认为,在新时代推动高质量发展,离不开工匠精神。工匠精神是一种严谨认真、精益求精、追求完美、勇于创新的精神。工匠精神不是因循守旧、一成不变的"匠气",而是在坚守质量标准中寻求突破、追求完美,敬畏职业。

惠清项目培养工匠精神主要采取了如下做法。

6.17.1 工匠班组技术比武

对施工水平精湛的工班组授予"惠清项目工匠班组"证书,将工班组成员姓名、身份证号等信息载入证书,作为该工班组在惠清项目业绩的证明,召开表彰会公开表彰。在工地现场召开观摩交流会,安排工班组负责人作为主讲人,对"工匠班组"所施工的工程实体现场悬挂"惠清项目标杆工程"标志牌,极大地激发了工班组追求品质工程的热情,并在整个项目范围内营造"创建品质工程、培养工匠精神"的氛围。

6.17.2 技术管理人员竞争比拼

从工作在一线的施工员、监理员、技术员、质检员中评选管理能力突出的优秀管理人员,进行表彰。突出一线工作人员的贡献,鼓励执行一线工作法,抓现场管理落实的管理人员。

6.17.3 激励工人创新创造

鼓励微创新,重点鼓励工班组、一线管理人员挖掘工艺、工法细节,对经验证在工程实体取得实效的微创新,按评比办法对微创新主创的管理人员或工班组予以表彰奖励,并授予微创新获奖证书。惠清项目先后有一百余项微创新申报。

6.18 质量交底

惠清项目创新质量交底管理模式,主要做法有以下几个方面。

6.18.1 工序验收质量标准交底

结合《分部分项工程工序要点控制手册》,对364道次工序验收编制验收要点纳入交底。

6.18.2 质量通病预防技术交底

结合《工程质量通病防治手册》,将常见质量通病现象、原因及预防措施纳入交底。

6.18.3 标准交底

结合四统一管理,对惠清项目制订的标准、材料、工艺、工法相关管理程序和标准进行交底。

6.18.4 考核奖励办法交底

结合双优竞赛、微创新评选、工匠班组评选、优秀管理人员评选,对考核评比办法进行宣贯交底。

6.18.5 交工验收程序及处置要求交底

着眼交工验收,对交工验收标准和常见质量缺陷处置程序和要求进行交底。

6.18.6 专项交底

针对性开展桩基质量控制、隧道交工验收及质量控制、路基防护排水交工验收及质量控制、预制梁智能张拉压浆设备使用、质检系统和无人机系统等软件系统使用等质量专题培训,针对性加强专项工程质量管理交底。

6.19 质量培训

惠清项目根据项目质量管理形势和需求,动态组织质量培训,主要采取了以下做法。

6.19.1 基础培训

采用一般管理人员考试合格上岗的方式,以及试题不超出本项目施工图设计文件和工程特点的命题原则,以资格考核为指挥棒,督促工程技术人员自觉主动学习、熟悉图纸、工程现场,主动学习项目质量管理各项要求,达到掌握项目一般性质量管理知识的基础培训目的。

6.19.2 专项培训

根据项目各阶段主要施工内容和质量管理存在的主要短板,组织开展针对性培训,如桩基施工阶段邀请省交通质量检测中心专家进行桩基施工技术、桩基终孔及地质、桩基检测、桩基缺陷成因及预防专题培训;无人机系统专题培训;交工验收程序、标准及常见问题等专题培训。

6.19.3　专项技术、工艺工法交流研讨

组织惠清项目内部的交流、研讨会议,邀请优秀工班组、管理人员交流心得体会,带动兄弟单位、其他人员提高质量管理水平(图6-6)。

a)现场交流活动

b)班前讲评学习

c)专项技术宣贯

图6-6　惠清项目专项技术交流研讨活动

6.19.4 惠清大讲堂

邀请行业内知名专家、学者到项目一线,进行前沿领域技术最新发展的讲座,开阔项目参建人员视野,激发项目内部创新灵感和活力(图6-7)。

图6-7 惠清大讲堂部分活动海报

6.20 试验检测标准化

编制《试验检测标准化手册》,从表格标准化、报告标准化、检测方法标准化、问题库、试验室数据采集系统六个方面展开,力求达到试验检测报检、抽检频率及部位选取的规范化、流程化、标准化,提升试验检测数据客观性和真实性,供一线试验检测人员查阅借鉴。

深化试验室标准化建设工作,在临建设施标准、设备标准等方面进行了改进和提升,图6-8所示为试验室标准化建设部分成果。

a)化学试剂柜(用双锁+密码锁)

b)标准养护室

图 6-8

c) 工地试验室

图 6-8 试验室标准化建设部分成果

6.21 路面品质工程质量管理

6.21.1 招投标阶段的路面品质工程质量管理措施

根据行业相关规定,惠清项目路面工程施工和土建工程施工实行捆绑招标。为此,惠清项目在土建施工招标文件中纳入了路面工程创建品质工程相关规定:将路面工程临建面积、雨棚等关键要求纳入《双标管理补充细则》;将拌和站、摊铺机、压路机等关键设备要求纳入《工程质量强制性标准》;编制《惠清项目路面工程精细化施工管理手册》。上述三个文件作为招标文件附件,纳入施工合同,提升了质量管理的效力。

6.21.2 施工准备阶段的路面品质工程质量管理措施

路面工程开工前,惠清项目编写了《汕(头)湛(江)高速公路惠州至清远段路面品质工程实施方案》,提出了管理措施15项和技术措施5项,并从组织、制度、资金、技术四方面建立健全了质量保证体系。组织路面工程人员,整合广东省路面工程施工管理最新成果,编制了路面工程质量控制要点(材料类、机械设备类、工艺工法类、质量检测评价类)。图6-9所示为惠清项目路面工程标准化管理部分成果。

6.21.3 路面品质工程质量目标体系

惠清项目对路面工程诸多质量指标进行了研究,结合南方高温多雨的湿热环境条件,归纳总结了省内多条高速公路路面指标管控的经验教训,提出了"惠清项目路面核心技术指标清单"这一四级目标清单,规定了核心指标28项(原材料16项、拌和站5项、现场7项),对这些指标的合格标准适当提高从严管控,并规定了质量责任人和检查(检测)频率。

a) 水稳拌和楼采用振动拌缸

b) 新泽西护栏预制场标准化

c) 水稳边部采用立模施工

图 6-9

d)水稳料车自动覆盖帆布

e)基层采用"一布一膜"养生

f)护栏安装线型直顺、美观

图6-9 惠清项目路面工程标准化管理部分成果

  为使得参建单位路面技术人员能够真正理解路面核心技术指标的重要性及相应指标确定的依据和出发点,惠清项目编写了"沥青路面施工质量控制技术(核心清单)",结合路面工程早期损害工程实例及调查结论,对核心指标的选择依据和控制范围、施工管控关键工序和质量要点进行了阐述,使得全线路面技术管理人员统一了认识,形成合力。

6.21.4 施工阶段路面工程质量管控

6.21.4.1 全过程咨询

惠清项目路面工程施工委托了路面咨询单位,每周出具"咨询周报",对本周路面工程质量总体情况进行评价并提出咨询意见。建设单位组织监理、中心试验室和路面施工单位召开路面工程周例会,对"咨询周报"提出的问题和咨询意见逐条研究,明确处理意见。

6.21.4.2 雨季路面施工针对性管理措施

针对南方地区不可避免的雨季路面施工中天气的不确定性,惠清项目推行雨季开工会商制度:由建设单位、监理、施工、路面咨询单位根据天气预报情况进行四方会商,确定次日路面施工的段落及长度。创新提出了备用工作面的应急方案,首选工作面一旦意外降雨,混合料转运至备用工作面启动摊铺工作,这一做法既保证了质量,也避免了混合料的浪费。

6.22 交通安全设施品质工程质量管理

6.22.1 招投标阶段的交通安全设施品质工程质量管理措施

惠清项目在交通安全设施工程施工招标文件中纳入了质量管理相关文件,主要有:《汕湛高速惠清项目交通安全设施工程质量管理目标和红线指标(9项)》《汕湛高速惠清项目交通安全设施品质工程管理办法》《汕湛高速惠清项目路面标线品质工程方案》。

上述三个文件作为招标文件附件,纳入施工合同,提升了质量管理的效力。

6.22.2 施工准备阶段的交通安全设施品质工程质量管理措施

惠清项目交通安全设施品质工程质量管理主要采取了以下措施。

6.22.2.1 临建设施推行标准化管理

在广东省,惠清项目首次将交通安全设施工程施工的临建设施实行标准化管理,并首次提出了建设标准,对交通安全设施工程施工单位建设仓库、办公室、存料场等临建设施、环境条件提出了标准化要求。

6.22.2.2 按照特材管理思路编制了交通安全设施原材料、半成品管理规定

(1)原材料进场入库前,业主代表会同监理、检测单位进行随机抽查验货;
(2)将交通安全设施工程质量奖金和原材料抽检合格率挂钩;
(3)全线统一交通安全设施工程检测仪器,减少检测争议;
(4)明确交通安全设施工程原材料、实体工程检测频率、检测项目和质量标准;
(5)对交通安全设施工程原材料实行预审制度、随机盲样外委制度和黑名单机制,两次不合格项目禁用;
(6)对已安装的原材料实施二次抽检。

通过上述技术、管理、经济措施的实施,惠清项目交通安全设施原材料质量除了在交通安全设施工程刚开始的阶段出现了几次验收不合格退货情况外,在历次检测中始终保持100%的合格率。

6.22.3 交通安全设施设计优化

6.22.3.1 镀锌件镀锌层厚度合格率控制

部分高速公路项目交通安全设施中波形梁等镀锌件易出现镀锌层厚度这一耐久性指标合格率不高的问题。惠清项目与设计单位进行讨论后,将护栏镀锌量由原常规设计600g(换算实测指标85μm)提高到"实测平均值大于90μm,单点极值不小于68μm",通过这一指标的提升,使得惠清项目所有交通安全设施所使用的镀锌件均为单独定制,避免了市场上存量的质量不稳定镀锌件产品流入惠清项目。结合项目原材料管控、工程实体抽检措施,使得惠清项目交通安全设施镀锌件除了工程开工初期的两三次退货问题外,实现了自检、项目内部抽检、外部抽检、交工验收四项合格率

100%的良好成绩。

6.22.3.2 波形梁横梁中心高度与立柱埋置深度指标合格率问题

波形梁横梁中心高度、立柱埋置深度指标合格率与土路肩高程控制及表面平整度直接相关。实际中土路肩往往并非设计图纸中的一个平面,而是有一定高低起伏的近似平面。当土路肩高出设计高程时,横梁中心高度合格率将降低;当土路肩低于设计高程时,立柱埋置深度合格率将降低。

以往,受限于土路肩在路面施工阶段整平压实困难,解决此问题的方法往往是通过对土路肩局部进行培土(浇筑薄层混凝土)提高高程或者人工铲除过高的培土。这一办法的问题在于一是人工培土或浇筑薄层混凝土只是从形式上满足了规范验收指标问题,但并不能真正解决护栏立柱防撞受力问题;二是采用人工处理大量的护栏立柱的此类问题,在人力资源投入和工期控制两方面均存在困难。

惠清项目采用了以下做法:将原设计波形梁护栏立柱长度设计值增加了5cm。增加的5cm长度主要用于提升护栏立柱埋置深度这一力学指标的合格率或作为立柱防撞性能的储备,保证护栏防撞等级。

此外,惠清项目对土路肩培土也从技术、工艺角度进行了规定,力求提高土路肩施工质量,主要做法是:一是要求使用拍坡器对土路肩进行压实整形作业,保证了土路肩的初始密实度;二是根据土路肩雨后沉降量的观测数据,确定土路肩按照平缓的抛物线形进行预抛高填土,预留充分的沉降量,保证土路肩在植草作业前的高程适度高于设计值。

6.22.3.3 标线

路面标线是渠化交通、诱导线形、通行安全的重要保障设施。当前公路标线病害主要表现形式为:逆反射系数因种种原因,其衰减速率超出预期,未能达到预期的设计寿命,导致每两年需对诸多路面标线安排一次专项养护工程,以保证路面标线的服务水平。

为提升路面标线的反光性能、耐久性能,保障营运期间行车安全和服务水平,惠清项目从检测指标、原材料指标等方面对标线设计进行了优化,提升相关设计指标,

具体如下:

(1)明确了从交工验收至缺陷责任期满的逆反射系数质量标准。

初始(交工验收时):白色≥250,黄色≥125;

通车半年(白色≥175);

通车一年(白色≥125,黄色≥75);

通车两年(缺陷责任期满,白色≥100,黄色≥50)。

将逆反射系数这一指标结合耐久性进一步明确了质量标准。

(2)为保证逆反射系数能够实现管理目标和设计预期,惠清项目对标线涂料原材料作了规定。

对热熔涂料,要求:

热熔涂料内总有机物含量≥19%;

玻璃珠含量≥30%;

预混型玻璃珠成圆率>90%;

钛白粉:含量≥5%,且TiO_2的质量分数按A1型等级控制(≥98%);

树脂材料:软化点按105~125℃控制;

抗压强度(MPa):23℃±1℃时≥15,50℃±2℃时≥2。

(3)施工工艺。

在设计文件中明确采用玻璃珠双撒播施工工艺,即涂料施工前先预先混入一定比例的玻璃珠,可使得标线经行车荷载磨耗后,无论其磨耗程度,表层以下仍有相当的玻璃珠嵌入其中,能够长期保证标线的逆反射系数。

剩余的玻璃珠在路面标线加热施划时同步撒布,使得玻璃珠重点覆盖标线表面,确保表面功能。

惠清项目通过优化提升相关设计指标、严格管控进场材料、统一工艺等措施,使得项目通车以来标线始终亮丽如新,标线逆反射系数通过通车半年、一年的跟踪检测并无衰减,通过数据验证了惠清项目标线质量管理措施的成效,有力保障了行车安全。

6.22.3.4 隔离栅

高速公路隔离栅多使用双侧刺铁丝,其立柱大多为混凝土立柱。而混凝土立柱具有自重较大、运输过程破损损耗大、高边坡人工搬运重物存在安全隐患等弊病。此外,混凝土立柱虽然混凝土方量较小,但同样需要配置混凝土生产、钢筋加工、模板、浇筑及养生、存储等各种机械设备,生产成本较高。

为解决上述问题,惠清项目经过比对分析,将隔离栅混凝土立柱原设计方案优化为玻璃纤维增强水泥GRC复合立柱(以下简称"GRC复合立柱")。

通过惠清项目的实践,GRC复合立柱具有以下优点:

(1)所需场地较小,机械设备投入低,固定资产投入成本大大降低,同时消除了混凝土生产、浇筑产生的噪声、粉尘等污染;

(2)加工、存储、运输、安装重量轻,显著降低了一线工人的劳动强度,消除了高陡边坡搬运重物的安全生产隐患;

(3)GRC复合立柱耐久性强,且损坏后维修方便。

6.22.3.5 优化设计首创桥梁防坠落警示牌及防坠落网

高速公路常规桥梁一般均为分离式桥梁,左右幅各自独立,中间均存在一定宽度的空隙,部分高速公路在该部位种植绿化隔离带。但从广东省营运高速公路近几年的情况来看,堵车时经常有人员下车在桥面随意活动,甚至有因某些原因翻越桥梁中央分隔带护栏的不安全活动,而这些非路桥专业的驾乘人员并不能意识到跨越该部位护栏的潜在危险。

为了解决这一安全隐患,惠清项目提出设置了桥梁防坠落警示牌及防坠落网的方案,具体如下:

(1)每隔一定间距设置警示牌,对迎车面45°角安装,通过文字警示提醒驾乘人员跨越护栏的危险,效果直观、明显。

(2)在分离式桥梁路段内侧护栏顶部安装防坠落网,防止人员站立其上或跨越活动。

通过上述简单的措施,既起到了宣传引导、广而告之的作用,又切实达到了阻止驾乘人员翻越桥梁护栏的目的,消除了社会人员在桥梁上发生危险行为的安全隐患。此做法后来被省内其他高速公路项目效仿使用。

6.22.3.6　多雾路段设置爆闪警示灯等警示设施

惠清项目南昆山路段气候独特,雨雾天气较多,部分路段长期云雾缭绕,能见度相对欠佳,给道路行车安全带来较大安全隐患。

惠清项目根据南昆山气候特点,在建设期间对该路段的降雨、湿度、温度、海拔等气象、地理信息情况进行统计分析,确定了南昆山多雾路段具体位置,在这些路段安装了多处爆闪警示灯,昼夜警示行经该路段的驾驶人员注意减速保证安全,进一步强化了惠清高速公路道路通行安全。

6.22.4　施工阶段的交通安全设施品质工程质量管理措施

6.22.4.1　交通安全设施品质工程推行"四统一"管理

明确了交通安全设施品质工程标准、原材料、工艺、工法,如临建设施标准、原材料及半成品标准、工艺、工法及设备标准。

6.22.4.2　交通安全设施品质工程微创新

(1)隔离栅基础验收框架+方形边框模板的工艺;
(2)标志基础利用槽钢加工的上紧螺母反向固定法兰盘装置。

上述微创新在工程实体上取得了实效(图6-10)。

图 6-10

图6-10 惠清项目交通安全设施工程标准化管理部分成果

6.23 机电品质工程质量管理

惠清项目机电工程品质工程创建方案重点从智慧公众出行服务、智慧运营管理、智慧应急救援、智慧服务区、智慧收费站、智慧监控中心等几部分入手,促进本项目的建设和运营向智慧化、智能化转变,在公众出行、运营管理和应急救援中,由过去的被动智能服务转向主动智慧服务,通过完善的技术化手段,及时满足公众出行需求,全面提升高速公路通行服务水平。

6.23.1 首套高度集成的、兼顾建设期和营运期的一体化信息系统

惠清项目在建设伊始已建成了信息中心,并部署了一套"建管养一体化系统1.0版"。"建管养一体化系统1.0版"实现了将高速公路建设项目常用的各自独立的软件系统和数据有机整合、统一管理的功能,惠清项目建管养一体化系统整合的常用软件有:档案管理系统、质量管理系统、计量支付系统、合同管理系统、安全生产视频监控系统、拌和站远程监控系统、试验室远程监控系统、路面可视化监控系统、振动压路机监控系统、二维码系统、无人机系统、农民工工资管理系统等。

为能够将建设期信息中心的硬件"利旧"转为营运期"监控中心",将建设期的"建管养一体化系统""利旧"转为营运期的"路运一体化平台(路段级)",实现硬件、软件、数据、管理模式的无缝衔接,惠清项目机电工程监控中心设计主要采取了以下做法:

6.23.1.1 "1+3+1+7"总体架构

在建设期信息中心设计开发前,明确了建管养一体化、高度整合集成、智能化的设计开发原则,并根据建设期和营运期对数据、功能、流程的需求,确定了"1+3+1+7"总体架构,即:一个中心,三大板块,一个云平台,七大中枢。该架构能够兼顾建设期和营运期不同侧重,并兼顾系统远期升级迭代、后续开发的工作需求。

6.23.1.2 七大中枢

在建设期信息中心设计开发前,采用模块化设计思路,将数据资源、视频资源、应用系统、安全系统等各类要素构成一个有机的整体的需求,梳理形成了公路、交通服务和运输三大板块(其中公路板块涉及高速公路建设期和营运期养护功能需求)和七大中枢(感知中枢、数据中枢、分析中枢、评估中枢、决策中枢、业务中枢和应用中枢)。

6.23.1.3 模块化

路运一体化平台(路段级)具备强大的功能,集成了系统管理模块、信息采集、上传、发布模块、信息管理模块、图形处理模块、视频控制模块、数据分析统计报表模块、视频检测模块、应急指挥救援模块、火灾报警管理系统模块、隧道通风智能控制软件模块、照明、消防控制模块、电力监控管理模块、本地控制模块、隧道通行控制模块、服务区剩余车位提示模块、高分可视化模块、智能一体化机箱监控模块、雷达事件检测分析模块、移动客户端视频远程 App 等。

惠清项目投资开发的建管养一体化平台及其路运一体化平台(路段级)现已推广应用至省内外多个高速公路项目,平台 3.0beta 版本也已进入测试阶段。

6.23.2 车路协同交通运行状态监测和预警系统

为解决道路营运期间交通运行状态监测和预警的问题,惠清项目首次开发了基于北斗定位技术的车路协同交通运行状态监测和预警系统。该系统包括了一套部署在路段的北斗地基增强系统和车路通信系统,以及部署在监控中心的运行风险在线预警平台。

该平台的主要功能是:通过对车辆定位信息与高精度地图的匹配,基于平台内嵌的车辆碰撞预测模型,由平台向相关风险车辆的车载预警终端下发短临预警信息,以降低发生重大事故的概率。另外,在线预警平台可通过收集的海量车辆定位数据,判断交通流运行情况并评估和辨识路段运行风险,并通过可变信息标志、广播、信息推送等方式,面向车流主动发布路段运行风险信息,以提升道路交通安全水平和运行效率。

根据对惠清项目各路段交通量预测情况,选取项目起点至溪头互通立交之间的路段为本系统验证部署路段。利用既有的广河高速公路沙迳服务区 CORS 基站(邻近惠清项目起点),和溪头互通立交新增的一处 CORS 基站,在路段两端形成单基站 CORS 服务,以覆盖整个示范路段。该模式的定位精度为 ±1cm + 1ppm(即基线增加 1km,误差增加 1mm),在两端设置基站,路段中点距基站最远,距离约 10km,误差增加约 1cm,总误差约 2cm。

6.23.3 创新开发视频检测模块

惠清项目设置有 16 座/40km(单洞长度)的隧道,隧道安全营运是建管养一体化建设思路的重要考虑内容之一。高速公路隧道结构具有内部路基宽度相对狭窄、空间密闭性强、视野范围小、能见度低等特点,如若车辆行驶异常,极易发生交通事故,且救援的难度较大。

当前高速公路隧道营运安全管控方面存在一些不足,主要表现在以下几个方面。

6.23.3.1 隧道异常事件检测准确率不高

当前,隧道内异常事件主要依靠部分检测设备及视频人工轮巡。检测设备主要局限于火灾报警检测系统和环境数据检测系统,能检测到的异常事件类型单一,且存在一定比例的漏报、误报问题;特别是对于异常停车、隧道内行人、抛洒物等异常事件,完全依赖人工通过视频轮巡。

6.23.3.2 隧道通行异常事件发现不及时

高速公路路段监控中心无法及时、准确地获得隧道内交通流、拥堵等信息,上述信息的获取也是依靠人工视频轮巡。因此对于可能发生的隧道拥堵、交通事故等异常事件的感知能力不高,无法形成精确、及时的交通流预警信息,进而无法及时采取疏导措施来避免拥堵、交通事故的发生。

6.23.3.3 数据孤岛问题

隧道安全管理涉及多个子系统,每个子系统的运作状况都对隧道安全管理造成影响,而各个子系统的建设一般来说是由各厂家独立完成,最后集中到监控中心的软件系统进行管理。中心软件系统的整合程度、数据的互联互通程度以及综合挖掘应用的能力对隧道安全管理具有非常重要的影响。目前的软件系统在这方面不完善。

6.23.3.4　应急处置预案针对性不强、智能预警功能不完善

目前隧道营运管理都具备一系列的应急预案,但大部分的应急预案是停留在纸面上,并没有实现信息化与智能化,而且不具备最基本的安全预警功能。为更好地保障隧道营运管理的安全,非常有必要将应急预案功能信息化,同时增加隧道安全预警功能。

6.23.3.5　隧道巡查手段单一、时效性不强

目前隧道巡检为人工作业配合以简单的检查工具、机械设备、检测仪器周期性进行。常见的问题有:照明设备故障导致照明不足或闪烁;通风设备故障导致隧道内空气质量超标和能见度变差;隧道设备管理数据化程度低,其运行状态无法监控;路面出现影响行车安全的异物(洒落物、油污等);路面出现渗漏积水;边沟盖板损坏或缺失;车辆故障或交通事故;火灾。

上述问题的发现和及时处置均依赖监控、养护、路政人员人工巡查。

惠清项目提出了视频检测+AI识别、智慧基站、巡检机器人等解决上述问题的思路。具体如下:

(1)研究开发隧道视频检测系统,可自动检测隧道洞内各项异常事件(如行人、逆行、停车、拥堵、抛洒物、施工等)。

(2)智慧基站:利用安装在隧道区域的智慧基站,实现对区域内对目标物精准感知、测距与定位,进而实现对隧道全域车辆运行状态的实时监控;及时发现区域内车辆异常状态,及时预警;为通行车辆提供伴随式信息服务。

(3)智能巡检机器人系统:一定程度上代替公路隧道人工巡检,降低人工在隧道内低速或停车巡查造成的交通不便和安全风险,并代替人工完成一些常规、基础性巡查任务,有效降低人工巡检的劳动强度,避免高危环境。

(4)开发视频事件检测模块,将事件发现、预警、指挥调度、应急救援等内容有机

整合,最终形成智能化的隧道安全管理系统。

惠清项目的视频检测系统由视频检测交换机、8路高清视频检测分析仪、监控一体化计算机、虚拟化服务器构成。视频检测处理器可生成交通流量数据,包括流量、流速、密度等,检测内容包括停车、逆行、行人、抛洒物等。

根据项目实际情况,惠清项目路基段选择对长大下坡及互通处摄像机进行视频事件检测;隧道段主要对隧道洞外、隧道出入口、紧急停车带附近的摄像机进行视频事件监测。

视频检测系统准确性和有效性的提升需要通过对海量人、车、路等素材的反复学习和训练,自动提取并理解物体特征,检测时直接识别物体。对识别错误的样本可进行再学习,从而不断完善对物体特征的理解,日益精进准确率,逐渐减少误报情况。

为能够尽量提高视频事件识别的准确率,惠清项目选择了多个IT行业知名服务商的设备参与,组织各单位进行实地"比武演练",辅以人工校核,评判不同条件下系统的准确率,并共同总结经验改进提高。经过试营运期间10个月3轮的实地"比武演练"后,识别率已由部署初期的50%有了显著提升。当前,该系统实地测试、深度学习还在继续进行中。我们期望的目标是在无人工干预情况下能够实现90%以上的捕获率和准确率。

6.23.4 应急指挥救援模块

传统的路侧报警电话报警-救援模式存在驾乘人员不熟悉道路难以准确描述位置信息,高速公路部分路段手机信号不稳定或存在盲区,驾乘人员应急避险知识不能有效指导避险等问题。

为解决上述问题,惠清项目开发了应急救援指挥模块,该模块将常规分散的,来自不同子系统的报警信息进行了整合,如消防子系统、报警电话子系统等。其中定位系统在电话报警系统的基础上增加了视频事件检测自动报警系统、现场二维码+微信报警系统、雷达定位系统三种系统,根据道路实际情况灵活部署;通风、防火门、照明和供电增加了远程控制功能系统;指挥系统包括与上级主管单位、交警、应急管理部门联动的呼叫系统,现场应急调频广播系统和IP有线广播系统、远程视频客户端、无人机系统和智能情报板系统等,通过监控中心系统整合实现多源信息融合、智能数据分析、实时信息报警、直达救援服务等手段,有效提高监控中心监控、分析、预警、指挥和处置能力,力求打造监控中心一键报警、全面联动、精准救援功能。

6.23.5 隧道照明智能调节模块

惠清项目设置有16座隧道,隧道照明设施用电是营运主要用电负荷。当前常规的照明设施管理存在光源耗能高、控制精度低、控制模式智能化较低等问题。

隧道照明作为高速公路隧道运营的用电大户,设计取值一般均按远景最大交通量进行配光,初期交通量低情况下,存在灯具"过亮"、照明系统"空转"问题,浪费能源,不尽合理。

惠清项目尝试开发了隧道照明智能调节模块,并将其纳入一体化系统。模块开发提出了在满足规范及驾乘人员视觉适应性前提下,根据实际交通量、洞外自然光照强度等因素智能调节隧道照明的节能方案。

根据建设期实测的用电量、洞内照度、洞外自然光照度和灯具间距等参数,得出节能调光方案,进而形成隧道照明智能调节模块,实现智能调光。

目前该系统已全面安装在惠清项目的16座隧道中,实现年电费节约数百万元的同时也延长了灯具的使用寿命。

6.23.6 毫米波雷达事件检测分析模块

惠清项目为了转变以往被动接收报警、定位、救援的应急模式响应比较慢的缺陷,尝试推行主动预警。同时考虑由于互通立交区域存在着众多的交通流交织与分离,一旦发生交通事故或异常,会大大降低交通安全的特点,在互通区域采用雷达事件检测器检测+摄像机监视的方式(雷摄模式),及时发现事故或异常,并做到迅速处理。

惠清项目对激光雷达、毫米波雷达、厘米波雷达和微波雷达不同技术特点的雷达均进行了尝试。在互通立交等开放区域设置微波雷达,在隧道内设置毫米波或激光雷达,并与视频事件检测系统联动,实现主动发现、主动预警、主动救援、快速响应等应急管理思路。

6.23.7 智慧收费站

高速公路收费站因缺乏对本收费站进出车辆的交通量预测数据,难以及时响应动态调整收费车道管理策略,进而影响收费站车辆通行效率。为解决这一问题,惠清项目提出了"智慧收费站"的构想,通过激光雷达重构收费广场的仿真模型,结合视频监控设备的感知能力,利用收费系统和门架系统产生的通行流水、过车效率、通行日志等数据,建立收费站通行效率指数评价模型,并通过仿真技术直观展示车道通行流量、车道抬杆信息、车道通行状态、车道控制状态、收费站拥堵信息、车辆信息、过车速度信息、车辆异常信息、车辆诱导信息等数据和信息,使得管理人员可远程直观掌握收费站通行能力动态,按照"未堵先疏"的原则动态调整车道管理策略,提高收费站的通行效率和通行能力。

第 7 章 惠清项目交工阶段、缺陷责任期、竣工阶段质量管理

7.1 交验工作目标

控制交工检测一次性合格率;质量缺陷无遗漏100%整改;质量缺陷处理实行专业化。

7.2 交验工作总体思路

管理方面:全局筹划、高度重视、精心组织、强化管理;加强保障。
技术方面:标准化、规范化、专业化。

7.3 具体措施

7.3.1 系统筹划,前置准备工作

以问题为导向,惠清公司系统收集了部分已通车项目的交工验收报告,多方整理

汇总形成交工验收常见问题清单;在开工前、开工过程中加强与上级单位和检测部门的联系和沟通,杜绝系统性质量问题的发生,尽量减少质量缺陷问题,就存在问题充分沟通;在实体指标检测过程中根据检测情况,及时动态调整完善质量管理的重点和方向。

7.3.2 组建交工验收组织机构,明确任务与责任

打铁还需自身硬,惠清公司高度重视交工验收工作,组建交工验收管理机构,组织机构设置土建、路面、交通安全设施、机电、房建、内业档案、技术支持共七个专业组,实现专业化管理,明确岗位职责分工到人;督导项目各参建单位成立相应交工验收组织机构,遴选经验丰富人员并在通车前相对固定,明确人员交工职责。

7.3.3 统筹安排、计划先行、动态调整

结合各标段工程进展和交工验收工作内容,惠清公司制订了总体交验计划和分批次交验计划,交验过程由专人负责,动态跟踪、动态调整,确保交验计划有条不紊地进行。

7.3.4 培训宣贯,熟悉标准、程序和验收要求

对交工验收工作加强宣贯培训,对交通运输部交工验收不符合项清单、质量问题判定规则、交工验收常见问题、交工抽检频率及规则、交工验收资料等全线进行学习和培训,指导监理、承包人更好地开展交工验收工作。

7.3.5 制定办法、明确流程,实行交工首件和预交工制度

制定相关办法,明确交验程序,各总监办选取标段实行交工验收工作首件和预交工制度,惠清公司统筹指导项目的交工质量缺陷排查和整改工作,协同各参建单位,共同开展交工前的排查,形成清单,并进行全面彻底整改,对排查出的质量问题,明确整改要求、各方整改责任人、整改期限、验收责任人,实行台账化销号管理。

7.3.6　刚性管理措施约束、强化保障

针对部分标段、部分分部分项交工验收整改不及时不彻底、投入保障不足、缺陷处置工作不专业等情况进行处罚，处罚措施包括罚款、约谈、通报、约见中标单位、信用评价扣分等。

7.3.7　缺陷处理专业化，统一质量缺陷处理方案和工艺

惠清公司、专家库、设计院共同参与，组成了桥涵、隧道路基、路面、交通安全设施、机电房建五个交工验收质量缺陷处理技术支持小组，一般问题分类制定标准处置方案和标准工艺，全线统一执行，过程中检查质量管控和监督；对于重要问题，惠清公司组织召开会议，充分讨论研究确定，并整改闭合，确保大小问题彻底整改落实。图7-1为惠清项目质量缺陷分类管理总体设想。

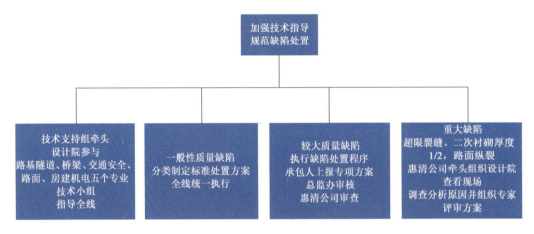

图7-1　惠清项目质量缺陷分类管理总体设想

7.3.8　缺陷处理的专业队伍

要求各参建单位必须进场专业化的处理队伍，根据缺陷性质进行首件式管理，过程中加强督导检查。

7.4 缺陷责任期暨竣工验收阶段质量管理

当前,高速公路缺陷责任期的质量管理存在以下不足:①公路工程建设的复杂性决定了任一环节的疏忽均会导致工程质量问题的产生,而交工验收仅能够对已发现的或可发现的质量缺陷进场处置,对于潜在的内外部质量缺陷并不能及时发现、实现100%处理,进而造成安全营运或工程质量隐患。②公路交付使用之后往往忽略了缺陷责任期的质量管理工作,疏于质量缺陷处置效果跟踪监测,使得后续公路营运养护不能全面、准确掌握道路质量状况,使得养护资源投入无法及时、精准投入,造成浪费。

7.4.1 管理目标

对交工验收阶段发现的质量缺陷进行长期跟踪监测并及时处置;对工程实体进行全覆盖巡查,结合定期检测数据,及时发现、及时处置各类缺陷;提前启动竣工验收涉及的质量鉴定自检、安全性评价、水保、环保、档案、消防、防雷等专项验收工作,结合试营运期地方政府、交警、交通部门及驾乘人员的反馈意见,对工程实体设计、施工进行总结回顾,并根据专项验收评估结果,视情况启动后续整改或完善工程。

7.4.2 总体思路

项目各参建单位成立缺陷责任期组织机构,建立缺陷处置机制,明确缺陷责任界定及处理标准、流程。

对交工验收阶段发现的需长期跟踪监测的质量缺陷建立重点、敏感质量缺陷台账,定期跟踪监测。

制订养护巡查工作计划,设路基路面、桥梁、隧道、边坡等专业组,对工程实体进行日常巡查。

建立项目竣工验收组织机构,制订竣工验收准备工作专项工作计划,启动竣工验收准备工作。结合竣工验收前置的质量鉴定自检、安全性评价、水保、环保、档案、消防、防雷等专项验收工作和地方政府反馈的三改工程情况,对项目设计、施工情况进行查漏补缺,适时启动整改完善。

结合竣工验收各项工作实际情况,启动项目竣工验收总结,对各参建单位进行客观、全面的评价。

7.4.3 具体措施

7.4.3.1 经济和合同保障

对交工后各标段预留的双优竞赛、环水保措施费、100章(临建设施和临时用地)专项费用、质量保证金等未计量或暂扣的资金,根据法律法规、设计文件、合同相关规定,结合质量缺陷整改、竣工验收各专项评估发现的缺陷整改情况制定相应考核办法,考核发放,以合同和经济手段确保竣工验收按时完成,质量缺陷得到及时、有效的处置。

7.4.3.2 组织、技术、管理保障

惠清公司会同各参建单位成立竣工验收及质量缺陷组织机构,分工到人,制订各项工作计划,加强落实。

(1)专业技术支持:惠清公司委托具备资质的专业单位,会同各参建单位成立咨询专家组,现场勘察并提出整改咨询意见;

(2)缺陷整改质量保障:沿线交工阶段的做法,委托具备专业资质的专业养护队伍进场实施缺陷整改,咨询专家组提供技术支持;

(3)提前竣工验收阶段质量鉴定自检:在试营运阶段通车条件下,提前1年启动质量缺陷整改,为施工预留充足时间,从而保障缺陷处置质量和安全生产条件。

第 8 章
惠清项目质量管理后评价及成果

8.1 取得的总体成果

得益于各参建单位对惠清建设理念和质量标准的理解支持、前期科学系统的策划、顶层设计和建设过程中坚决贯彻落实,惠清高速公路先后获得了以下的阶段性成绩(图8-1):

2017年1月被交通运输部授予第二批绿色公路建设典型示范工程;

2017年6月被交通运输部授予科技示范工程;

2018年2月被交通运输部品质工程攻关行动计划授予"两区三场"施工安全标准化试点项目;

2016年12月被广东省林业厅广东省高速公路生态景观林带示范路;

2016年12月被广东省交通运输厅授予广东省交通科技示范工程;

2018年4月被广东省交通运输厅授予"平安工地"示范项目;

惠清项目先后出版标准3部、指南5部、专著10部、论文88篇(中文核心及以上56篇、EI或SCI收录5篇),申请专利41项(发明专利15项)、软件著作权4项;

2020年9月建成通车,交工验收评分高达98.2分。

图 8-1　惠清项目取得的部分成绩

8.2　工程质量成果

广东省高速公路交工检测由省交通建设检测中心代表政府负责，按照规定的频率和项目进行验收，具体情况如图 8-2～图 8-8 所示。

8.2.1 路基工程

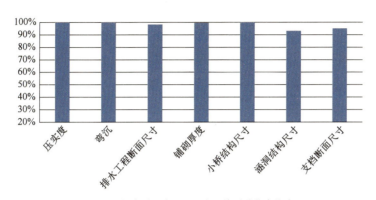

图 8-2 惠清项目路基工程交工检测验收合格率

8.2.2 路面工程

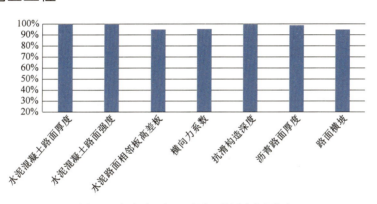

图 8-3 惠清项目路面工程交工检测验收合格率

8.2.3 桥梁工程

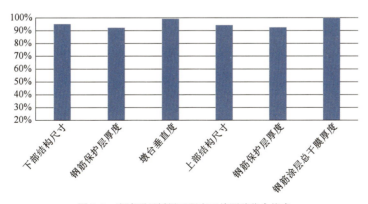

图 8-4 惠清项目桥梁工程交工检测验收合格率

8.2.4 隧道工程

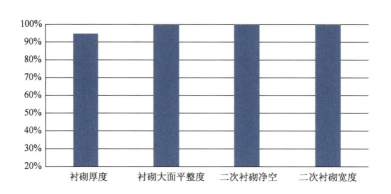

图 8-5 惠清项目隧道工程交工检测验收合格率

8.2.5 交通安全设施

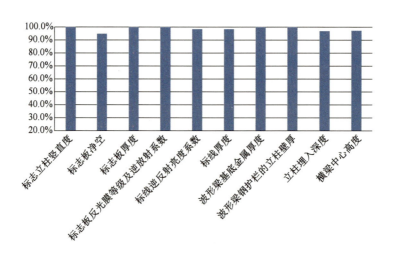

图 8-6 惠清项目交通安全设施工程交工检测验收合格率

8.2.6 机电工程

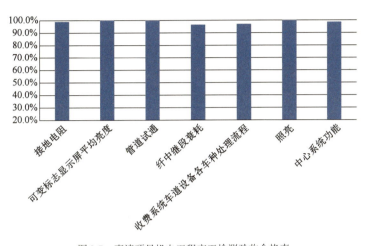

图 8-7 惠清项目机电工程交工检测验收合格率

8.2.7 房建工程

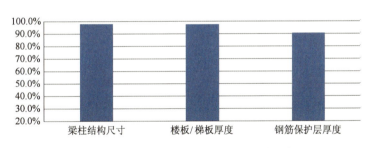

图 8-8 惠清项目房建工程交工检测验收合格率

截至本书成稿时,惠清项目已通车试营运 29 个月,运营养护主要内容是道路保洁和绿化养护等日常养护内容。通过试营运期间的巡查、跟踪检测,软基路段沉降、桥头跳车、路面早期病害、标线逆反射衰减等质量问题得到了切实解决。目前,由省级行业主管部门组织的项目竣工验收前质量鉴定检测工作在 1 个月内高效完成,检测数据合格率创广东省高速公路最高纪录。竣工验收质量鉴定提出的主要问题(部分涵洞个别节段不均匀沉降、涵洞渗漏水、排水沟局部破损等)已得到妥善修复。通过竣工验收质量鉴定检测整体情况来看,各项工程质量指标在广东省行业内树立了新的标杆,惠清项目建设品质工程的目标基本实现。

8.3 结语

回顾惠清项目的前期筹备、建设过程,在建设单位的统筹引领下,项目各参建单位对高质量发展理念的理解已形成了强烈的共鸣,"交通强国""质量强国""创建百年平安品质工程"战略和目标已深入惠清人人心,进而迸发出源源不绝的原生动力,在项目推行的质量管理理念、目标、策划方案、全面质量管理体系和管理措施的落实执行方面形成了合力。惠清高速公路科学系统策划、"四全"全面质量管理体系的高水平运行和"四法"工作法打造的高效执行力,使得惠清高速公路初步形成了一套可复制、可推广应用的建设项目管理模式,并在省内外其他高速公路建设项目上得到借鉴和应用。

参 考 文 献

[1] 全国质量管理和质量保证标准化技术委员会.质量管理体系 基础和术语:GB/T 19000—2016[S].北京:中国标准出版社,2017.

[2] 北京市道路工程质量监督站.公路工程施工监理规范:JTG G10—2016[S].北京:人民交通出版社股份有限公司,2016.

[3] 中华人民共和国水利部.开发建设项目水土保持设施验收技术规程:GB/T 22490—2008[S].北京:中国标准出版社,2008.

[4] 交通运输部公路科学研究院.公路工程质量检验评定标准 第一册 土建工程:JTG F80/1—2017[M].北京:人民交通出版社股份有限公司,2018.

[5] 广东省交通运输厅.广东省高速公路工程施工安全标准化指南[M].北京:人民交通出版社股份有限公司,2017.

[6] 广东惠清高速公路有限公司.微创新助力品质工程创建——广东惠清高速公路实践案例[M].北京:人民交通出版社股份有限公司,2019.